好きになられる能力

ライカビリティ

成功するための真の要因

松崎久純

光文社新書

はじめに

がんばっているのに、いま一つ報われない人

なぜ私たちの多くは、いま一つ出世せず、鳴かず飛ばずで、友人に恵まれず、思うように稼ぐこともできないまま、成功しない人生を過ごしているのだろうか。

自分の努力が足りないのだと考え、取り組んできたこともたくさんあるのに、それほど報われているように感じられない。

たとえば、こんなことがあるのではないだろうか。

会社に勤めはじめた頃から、仕事には一生懸命に励み、会社や業界のしくみを学び、専門

分野や経営管理の知識を身につけ、資格も取得してきている。結構がんばってきたつもりだが、特によい方向に状況が進んでいるように思えない。むしろ、努力していない人と何ら変わりがないかもしれない。

このような状況は、「何かの店を開いても、思うように集客できない状態」と似ている。内装にお金をかけ、いつも店内はきれいにして、クーポンを発行したり、営業時間も長くし、品揃えやメニューにも工夫をしている。体がきつくなるほど働いているが、期待しているほど店は流行《はや》らない。

仕事だけでなくプライベートでも、じつはあまり充実していると感じていない。友達も恋人もいないわけではないが、もっと自分を理解してくれる人が現れてもおかしくないと思う。よくよく考えてみると、自分は普段から楽しいと感じていることは少なく、何となく嫌な思いをしていることが多いかもしれない。夫婦でいるときも、家族といるときでも、あまり楽しめていない。

仕事でも生活でも、もっと満たされた気持ちが味わえてもいいのではないだろうか。これから努力を続けても、こういう状態が続くのだろうか。

自分は好感を抱かれているか

なぜ「成功しよう」としても、また、「満たされた気持ちになりたい」と望んでも、それが叶わないのだろうか。

取り組んできたことがわるいわけではなく、むしろよく努力はしているのだろう。それなのに、望んだ結果が得られないのには、原因がある。その原因とは、「自分に好感を抱き、味方になってくれる人が少ない」ということだ。

こんなふうに唐突に指摘を受けても、ピンと来ないかもしれない。逆にもし、このことを自覚できている人がいるとしたら、かなりいい線をいっている人だろう。

じつは私たちは、知識や経験で脇を固めても、知恵を絞《しぼ》って商品やサービスを整えても、自分をサポートしてくれる人たちがいなければ、出世することも、店を流行《はや》らせることも難しいのだ。また、友人や恋人、あるいは家族がいたとしても、彼らが一緒に楽しみたいと思ってくれなければ、共に充実した時間は過ごせないのだ。

自分の専門分野で実力をつければ成功する、あるいは、もともと持っている自分の魅力だけで人を惹《ひ》きつけられると信じている人には理解しにくいだろうが、多くの人が成功できない理由は、仕事における優れた能力などとは別に、その人が周囲の人に十分な好感を与えられておらず、味方になってあげたいと思わせられていないことにあるのである。

それでは、自分の何を変えれば、サポートしてくれる人が増え、成功する人生を歩むことができるのだろうか。

ここで注目すべきなのが、「ライカビリティ」（Likeability：好感度、好きになられる能力、人の気持ちを前向きにする能力）だ。

本書では、ライカビリティと成功との関係を明らかにし、自己のライカビリティを高める方法を考察していく。

自分を選ぼうとする人の手を振り払っていないか

繰り返すが、私たちは、いくら実力があっても、専門分野の能力が高くても、人から選ばれることがなければ、運のない人生を歩むことになる。

だが、誰もが専門分野の強化には一生懸命だが、人に選ばれることについては、案外無関心なのである。そのため、自分を選ぼうとする人たちを無意識に追い払うことさえある。

「選ばれる」というのは、特別な事柄に対してだけではない。一緒にランチへ行く相手としても、映画を観に行く相手としても、常に「誰か」が選ばれている。一緒に仕事をすることでも、恋人とつき合うことにしても同じだ。私たちは、「相手から選ばれる」ことで、それらを実現することができる。

だから、成功したければ、ライカビリティについて学び、その能力を高める必要があるのである。ライカビリティは、決して無視することのできない成功の必要条件なのだ。

ここで「成功」という言葉を使ったが、何を成功と呼ぶかは自分で決めればいいことだ。それがお金を得ることなのか、希望の働き方や出世を実現することなのか、あるいは日常の幸せを手に入れることなのか……。何があれば成功なのかは、もちろん、それぞれが自由に考えればいい。仕事で成功しても、家庭では成功しない人もいるし、成功していた時期もあれば、そうでないときが来る人もいる。

成功というほどのことでなくても、「もう少し上手《うま》くいってもいいのに」と思うことでも同じだ。自分だってもうちょっと大事にされてもいいはずとか、少しくらいは注目されたいという願いを叶えるにも、同様にライカビリティが要《かなめ》になることは多い。

本書の構成

本書の第1章では、「ライカビリティ」とは何かについて、その考え方からじっくりと考察していく。好感度、好きになられる能力、人の気持ちを前向きにする能力とは、どんなものなのだろうか。

第2章では、「ライカビリティを高める話し方の原則」について見ていきたい。人が口にすることにはどんなパターンがあり、それぞれのパターンがどんなインパクトを持ち、相手に好感を与えたり、与えなかったりするのかがわかるようになるだろう。

第3章では、ライカビリティによって解決できる事柄を具体的に見ていく。日常的に起きている、ビジネスや生活上の問題を取り上げていく。

第4章では、実際に「ライカビリティを高める話し方の原則」を身につけ、ライカビリティの高い人に変わっていく際に、注意すべきことをまとめた。勘違いしやすいことや、あらかじめ知っておきたいことについて述べている。

本書の第2章から第4章では、言語によるコミュニケーション（人が口にすること）について考察しているが、続く第5章では、ライカビリティと非言語コミュニケーションについて取り上げた。私たちの見た目や、言語以外の振る舞い方などが、ライカビリティに及ぼす影響について考えている。

「成功したい人たち」にとって、「成功できない」ということは、じつにたいへんな問題だ。これが「何かの全国大会に出場したい」というような夢であれば、たとえそれが実現しなかったとしても、「挑戦して努力したことで、そのプロセスから学んだことや得たものがあった」と折り合いをつけられるかもしれない。しかし、生涯をかけて何かを成し遂げたいとか、幸せになりたいと思っているのであれば、その人はそれを実現しなくては、満足できないだろう。

もし、「生きている間にこうなりたい」という願いがあるのに、それを叶えられないのではないかと不安を覚えることがあるならば、自己のライカビリティについて、一度じっくりと考えてみてほしい。

好きになられる能力
——目次

はじめに　3

第1章　ライカビリティとは何か　21

第2章　どうすればライカビリティが高まるのか　

第3章　ライカビリティで解決できる日常的問題　155

第4章　原則を活かすための注意点　219

第1章　ライカビリティとは何か

注目の「好きになられる能力」

ライカビリティ　Likeability
好感度、好きになられる能力、人の気持ちを前向きにする能力

私が「ライカビリティ」というテーマを研修や講演のテーマとして扱いはじめて、7、8年になる。

企業での管理職者（部長、課長、係長など）のための研修、セミナーを主催する業者が行なう一般公開研修の他、官庁でのマネジャー研修でも、ライカビリティは好評のテーマだ。

大学の授業では、慶應義塾大学大学院で受け持っているコミュニケーションやチームワークに関連したクラスで扱いはじめて、すでに7年以上経《た》っているし、立命館アジア太平洋大学で担当している生産管理理論の講義の中でもカバーしてきた。

これらの研修や講義の一部は、英語話者向けに英語で行なっており、海外での研修や講義

でも、同じテーマを扱うこともある。

研修や講義におけるテーマというのは、講師が希望しているからといって継続的に扱えるものではない。企業内研修や公開研修では、評判がわるければすぐに取りやめになってしまうし、大学のクラスでも、私が教授ではなく非常勤講師だということもあって、あまり好評でないとすれば、学期終了後にコースの中身を改善するよう指導があるはずだが、そのようなことはない。どうも、多くの人に興味を持っていただいているテーマのようなのである。

時折、どうしてこのテーマを扱うようになったのかと聞かれることがある。いったいこれは、どこからやってきたテーマなのか、という質問だ。

一度、ある会合で講演をした後、立食パーティーの席で、初対面の大学教授から、

「松崎さんは、この好感度というテーマに、どんなときから注目されるようになったのですか」

と聞かれたことがある。

「妻が家を出ていってしまったときからです」

と話したら、ユーモアが通じなかったようで、

「それは失礼なことを聞いてすみません」

と、謝られてしまったが、あのときは私のほうが（つまらない冗談を言って）申し訳ないことをしたと思っている。

「なぜこのテーマに興味を持ったのか」という質問は、（私が言うのはおこがましいが）研究者らしい、いい質問なのだ。私も答えようと思えば、きちんと説明できるのだが、話が長くなってしまうので、いつも冗談を交えて返答してしまったりして、これまであまり人に話してきたことがなかった。

せっかくの機会なので、ここで少し説明させていただこうと思う。

十数年前の話だが、私はメーカーから転職して、当時、経済産業省の所管にあった、経営コンサルティングや研修を行なう団体に勤務しはじめた。つまり、コンサルタントという立場で仕事をすることになったのだが、そのときに、ある先輩から、コンサルタントとして仕事をしていくにあたって、非常に大事だと思う話を聞いた。

「原則」「バックグラウンド」「How to」（――でもそれだけでは組織は上手くいかないが）

その話とは、コンサルティングを考えるにあたっては、「原則」「バックグラウンド」「How to」という3つの大事なものがある、という話だ。

今となっては、これらの用語が先輩のオリジナルなのか、単なる受け売りなのか、何かで読んだものに先輩がアレンジを加えたものなのか、もうわからないのだが、結局その話の内容で先輩の言いたかったことは、「コンサルタントたるもの、『How to』の指導ができなくてはならない」というものだった。

少し説明すると、「原則」とは、たとえば私の専門の一つでもある「トヨタ生産方式」のようなものだ。トヨタ生産方式は、効率的な生産業務のノウハウをまとめた、一つの理想的なお手本である。

次の「バックグラウンド」とは、その原則が存在する理由のことだ。バックグラウンドは、トヨタ生産方式に取りまとめられたノウハウが、なぜ重要なのかを説明している。

トヨタ生産方式以外の例でいえば、たとえば、松下幸之助さんが残された経営哲学や教訓は原則であり、なぜその教訓が大切なのかという理由が、バックグラウンドである。

その先輩の説明では、誰もが研修を受けたり、本を読んだりして、原則とバックグラウンドを学ぶのだが、それらを実際に自分の組織で実施するのは難しい。学んだとしても、それだけではまず成功することはないというのだ。

なぜかというと、たとえば組織の中には、実施することに反対する人が出てくる。また、実施することに賛成はしていても、原則そのものをきちんと理解できない人や、十分に時間のない人、たいへんになって途中でやめてしまったりする人たちが必ずいる。

だから、外でどんな原則を学んで会社に持ち帰っても、なかなか実施して定着させるのは難しい。これはトップダウンで行なっても同じだという。

そして、私たちコンサルタントは、原則とバックグラウンドを教えて仕事をした気になっていてはダメで、原則を持ち帰ってもそれを実施できない企業のために、そうした現実的な環境の中で、どうすれば実際に実行して成果を得られるようになるのか（＝「How to」）を教え、実施の支援をしなければいけないというのだ。

研修の講師や大学のクラスルームで教えている人たちは、原則とバックグラウンドを語っていればいいが、コンサルタントは、それではいけない。実際に業務の現場に赴《おもむ》いて、その実施の手助けができないと失格、というわけだ。

コンサルタントは、業務を代行するわけではない。代わりにやってあげるのが仕事ではなく、それを具体的にどうやって実行するのかを教えるのが仕事なのだ。
私には、講師としての業務もコンサルタントとしての業務もあったが、この先輩の話は、それぞれの業務でどんなことをしていけばいいのかを考えるにあたって、非常に参考になった。

原則については、トヨタ生産方式や工場管理手法の「5S」などを深く学んだし、自ら開発した原則といえるものには、企業での教育に関連したものが多くあるが、確かに企業で取り組んでもらう際に、最も大切でありながら簡単に進まないのは、「How to」の部分だ。

私は以来、今でも、「How to」の部分のノウハウを持ち、実施の支援ができることが、優秀なコンサルタントの条件だと思っている。

考えてもみてほしい。組織というところでは、「お互いに大きな声であいさつしましょう」という、たったそれだけのことでさえ、なかなか定着しないものなのだ。理屈で何かが動くところではない——それが、組織の難しいところなのである。

実際に機能させるのに必要なもの——ライカビリティ

こうした経緯があって、私はコンサルタントとして「How to」を強く意識して業務にあたるようになったのだが、じつは、「How to」の部分で上手く支援ができたと感じても、それでもまだ、組織の中で物事が円滑に動かないことがあると気づくようになった。

結論から言うと、従業員間のライカビリティが高い組織では、物事を進めやすいが、それが低い組織では、「How to」の部分でいくら努力しても、物事は進めにくく、原則も適用しにくいことがわかってきたのだ。

もっと平たく言えば、一緒に働いている人に対して、フレンドリーでなく、たとえば、嫌な返事をする人が多いような組織では、物事は進めにくいことが多く、成果も期待しにくい。単純で当たり前の話に聞こえるかもしれないが、この影響力はすさまじいものがある。

本書で詳細を考察していくが、ライカビリティが低い組織は、人々が励まし合って、お互いに自信を持って業務にあたろうといった風潮がないため、何かを前向きに変化させるのは難しくなるのである。

だから、組織において何かを推進したいときには、「原則」「バックグラウンド」「How to」の他に、従業員の間に、できるだけ高い「ライカビリティ」が必要になる。これは疑いようのない事実で、どんな組織に入り込んで仕事をしても、この部分は共通していることが確認できるのであった。

もちろん、ライカビリティなしで物事を進めることも、できなくはないのだが、そうすると、人が精神的に傷ついたり、その反動とでもいう形で、よくないことが起きたりすることが多い。これについては、追って第4章で触れたいと思う。

このように、ライカビリティが人を前向きにさせる要因であることを目《ま》の当たりにし、ライカビリティが組織の機能に大きな影響力を持つことを意識するようになると、次第に、その「組織」とは、会社だけでなく、友人同士の集まりや、家族、そしてたった2人の夫婦の間であっても、まったく同じであることに気づくようになった。

また、ライカビリティの高低には、言うまでもなく、「見た目」や「行ない」「振る舞い」といった非言語によるコミュニケーションも影響するが、それ以上にやはり、「人が口にすること」（言語によるコミュニケーション／第2章から第4章でカバー）が、非常に大きく影響することにも気づいた。するとそれからは、これらのことが気になって仕方がなくなってきた。

そのため、これらについて研究し、体系的に取りまとめ、研修などでテーマとして取り上げてみたところ、予想以上の反響があり、以降、プログラムを充実させるに至ったのである。

その過程でさらに、ライカビリティを、「原則」「バックグラウンド」「How to」を機能させるものという位置づけだけでなく、私自身の悩みでもあった「成功」や「人間関係」といったテーマとも合わせて扱ってみたところ、さらに多くの人たちの共感や反応を得ることができたのである。

「何が正しいか」という主張だけでは、上手くいかない

さて、ここまで、私がライカビリティに興味を持ったきっかけについて語ってきた。

ここからは、なぜライカビリティが必要なのかについて、順に説明していきたい。

まず、ライカビリティについて語る上で、一番の前提となることであるが、「私たちは普段、何が正しいかを主張しても上手くいかない中で、仕事や生活をしている」ということについて、確認したいと思う。

日常的な例で見てみよう。これは以前、知人から聞いた例である。

彼は、いつでもコーヒーを飲んでいるというほどのコーヒー好きなのだが、つまらないことがきっかけで、あるときから、新幹線の中ではコーヒーを買わなくなったという。

新幹線の中でコーヒーを買うときには、車内販売員に注文すると、ポットからカップにコ

ーヒーを注いで、ふたをして渡してくれる。あるとき、それがどうも、カップの3分の2弱あたりまでしか入っていない感じがしたので、少しふたを開けて見てみると、やはりそのぐらいで、「カップがコーヒーで満たされている」という感じではなかったという。

知人は、「もう少し入れてもらえますか」と頼んだところ、販売員はカップを手にしてふたを外し、カップの内側を知人に見せて、こう説明したという。

「この内側に線がありまして、ここまで入っていればいいということになっております」

そして、コーヒーを決してつぎ足そうとしなかったそうである。

まあ、考えてみれば、これは列車が揺れた拍子に熱いコーヒーがこぼれると危ないから、ということで設けられたルールなのであろう。知人はそこまで聞いたわけではないようだが、仮にそれが客の「もう少し入れてください」というリクエストを断る理由だとしよう。きっとそれは、彼ら販売員にとっては正しいことなのだろう。

しかし一方で、そのことを客に話して、どうしようというのだろうという疑問も確かに残る。

新幹線の車内販売員にはリピート客がつくわけではないので、そうした意味で客を満足させる必要はないのかもしれないし、新幹線だけでなく、鉄道会社やその関連会社というのは、事故が起きないことを優先して物事を考えるものであるから、サービスがわるいというような苦情が多くても、事故を未然に防ぐという考えを譲《ゆず》らないものなのだろう。それも理解できないわけではない。きっと彼らは正しいのだろう。

それでも、客のほうからすれば、「コーヒーもう少し入れてよ」と頼んで、このように断られたら、「気分がわるいからもう買わない」となっても、まるでおかしくはないのだ。したがって、彼らがコーヒーをもっと売りたいのであれば、「何が正しいか」を説明しても、逆効果になってしまうことがある。それがこの例だ。

もちろん、「販売員ならば決して客の要望を断ってはいけない」などと言っているのではない。知人も、理屈は理解はしていただろう。ここで言いたいのは、自分のしたことや、したいと思っていることについて、「正しいかどうかを話しても共感が得られるわけではない」ということなのである。

そもそも、何が正しいかを話して、物事が上手くいけば、誰も苦労はしない。それぞれの人が何を正しいと思うのかを主張して、みなが満足する結果が得られるのなら、こんなにラクなことはないだろう。

正しいと主張して、それが裏目に出る例は、この後にもたくさん登場するので、ここで挙げる例は、このくらいにして、次のポイントを見てみよう。

自分にとって大切なことは、自分以外の人により決められている

私たちは、自分が正しいと主張しても上手くいかないことが多い。人は「正しいかどうか」を基準に判断するのではないからだ。

それでは、人は何に基づいて物事を決めるのだろうか——彼らは、感情で決めるのだ。もしこれが当たり前のことに聞こえたとしても、そのインパクトの大きさについて、もう一度考えてみる必要がある。物事が感情で決められているということについて、同時に認識しなくてはいけないのが、「自分にとって大切なことは、自分以外の人により決められている」ということなのである。

私は経営コンサルタントとして独立しているが、それができるのは、顧客となってくれる企業がいてくれるからだ。独立して事業ができるかどうかは、顧客となってくれる人がいるかどうかにかかっている。

したがって、顧客はあまりにも重要な存在であるが、それでも、その企業が私の顧客になってくれるかどうかを私が決めることは決してできない。

もちろん、過去の専門分野における実績を見てもらうようお願いすることはできるし、条件面で融通《ゆうずう》を利かせることもできるだろう。しかし、私を雇うかどうかについては、彼らが決めるのであって、私が決定することはできない。

大学などで講師をすることについても同じだ。私は「非常勤講師をしています」と話すが、私が教壇に立てるかどうかを決めているのは、常に、私以外の人なのである。

つまり、私にとって非常に大切なことは、私以外の人によって決められているのである。

学生によくする話だが、異性と交際しているときに、「つき合うことにした」「つき合っている」と表現するのは普通のことだが、実際のところ、自分がそれを決めたというよりは、相手の人が、自分とデートをしてもいいと決めているのだ。

自分一人で「つき合うことにする」のは無理で、大事なことは相手、つまり自分以外の人により決められているのだ。相手がどうするかを自分で決めることはできない。

このように、自分にとって非常に大事なことは、自分で決められないことが多く、その決定は、自分以外の人により行なわれている。

物事は感情で決まる

繰り返すが、自分以外の人が、何に基づいて、私たちにとって大事なことを決めているかというと、私たちが「正しいかどうか」ではない。彼らは、それを「感情」で決めるのだ。ほとんどの場合、彼らが「感情で決めますよ」と話すことはない。だが、彼らはすべてを感情で決めて、後からもっともらしい理由をつける。

あなたに嫌がらせをするためではない。これは、たとえば普段、私たちが買い物をするときと同じなのだ。「見ていたらほしくなったので買った」というのが本当のところなのだが、そこに「先週より安くなっているから」「いずれにしろ必要になるから」などといった理由を後からつけて、感情で決めたことを正当化するのである。

こうして感情で何が決められているかというと、ほとんどすべてのことだ。人事も賞与の金額も、ビジネスの取り引きさえも、感情で決まる。

ひどい話ではあるが、私はこれまでに、企業でまだ配属先が決まっていない春の新入社員研修の期間に、人事部長の前で生意気な口を利いた新入社員が、研修終了後に、そうした前例はないにもかかわらず、地方の子会社勤務になったのを見たことがあるし、またそれと似たような例は、いくつも見てきている。

もちろんすべてが誰かの感情で決められるわけではないが、その後に、もっともらしい理由がつけられることも含めて、こうしたことは普通に起こると考えて、気をつけなければならない。

賞与の額にしても、規定で決められた部分はあるのが一般的だが、上司が決められる範囲においては、感情で決められてしまうのが普通だ。その根拠を上司が書類に書き込むときは、何とでも書けてしまう。

私が30歳になった頃、久しぶりに高校時代の先輩に会った。先輩はずいぶん早く出世しているようで、当時で部下がすでに60人以上いるということだった。

「先輩、すごいですね。ボーナスの査定なんかもやるんですか」とたずねると、

「おお、やるやる。ボーナスの時期が近づくたびにやっているよ」と言う。

「ああいうのって、やっぱり感情が入るもんですか?」と聞くと、キョトンとした顔になり、

「そんなのは当たり前だろ」と言うのだ。

「感情は思い切り入るし、評価項目や評価基準というのはあるけど、何とでも書けるからね。60人分もあると、途中から面倒くさくなるしさぁ」

先輩は、感情が入らないほうがおかしいと話していたが、その話はあまりにもリアルで、彼だけでなく、誰でもきっと同じようにするのだろうと思うに十分だった。

私はここで、感情で決めるのが正しいと言いたいのではない。実際にそうなってしまっていることが多いと述べているのだ。

ビジネスの取り引きも、感情で決まるというと、大げさに聞こえるだろうか。

何かを会社で購入するとしよう。まずは3社くらいから見積もりをとって、比較検討して、その結果を上司に伝えるなりして決定するのが一般的だ。

その3社へは、要望を伝え、見積もりを依頼する。追って、書面で見積もりを入手して、説明を受けるという一連のプロセスがある。電話やメールでコンタクトする時点から、その対応や営業担当者の態度など、3社から受ける印象には違いを感じるはずだ。

ここで営業担当者というのは、比較検討している人から「3社からお話をうかがっていますが、正直なところ、あなたから買いたいと思っています。でも、見積もりでは、他社で有利なところが1社あるんですよ。これが何とかなればなぁ」と言ってもらうのが商売なのだ。

営業を経験した人であれば、お客さんに気に入られた結果、無理を押しつけられて困ったこともあるだろうが、好感を持ってもらえたときと、そうでないときは、どちらが売りやすいものか、わかりきっているだろう。

買うほうにしても、もちろん感じのいい人から買いたいと思っているのだ。

ここまでを簡単にまとめてみると、

Ⓐ私たちは何が正しいかを主張しても上手くいかず、
Ⓑ自分にとって大切なことは、自分以外の人により決められてしまい、
Ⓒ彼ら（自分以外の人）は、それを感情で決めている

ことがわかる。

そうすると、ライカビリティは高いほど有利になることは明らかだ。好感を持ってもらい、人の気持ちを前向きにする能力が高ければ、有利に扱ってもらいやすくなる。仕事でも、生活においても同様だ。

少なくとも、ライカビリティについて何も考えずにやっていこうとするのは、その分、ハ

ンディを背負い込むどころか、自分が致命的なダメージを受ける原因にさえなりかねない。もう一度言うが、これらが正しいことだと言いたいのではない。これを無視しないほうがいいと言いたいのである。

ライカビリティが低ければ、専門分野の能力も認めてもらいにくい

仕事をもらえなければ、いくら専門分野に長《た》けていても、その能力を発揮することはできない。どんな特技があっても、たとえば、どんなにおいしい料理をつくることができても、お客さんが来てくれなくては、それを披露することも味わってもらうこともできないのだ。マーケティング市場調査のエキスパートがいるとしても、自分で顧客を見つけるか、そうでなければ会社に勤めて、その市場調査を担当するポジションに就《つ》かなければ、実力を見せることができない。

会社に勤めている場合でも、そして市場調査を得意として優れた実績があり、その経歴から担当者として選ばれることが当然のように見える場合でも、実際にあなたが担当者となれるかどうかを、あなたが決めることはできない。あなたではない誰かが感情で決めるのである。

人に好感を与えて前向きな気持ちにさせることが苦手で、逆によくない印象を抱かせてしまえば、いくら料理が上手でも、市場調査のクオリティが高くても、それを認めさせることができなくなってしまうのだ。

じつは私も、腕はいいなと思っていた床屋に行かなくなってしまったことがある。その店の主人が個人的に私を嫌っているようには思わなかったのだが、いつも話しにくく、ネガティブな雰囲気なのだ。

私だけでなく、客が「こうカットしてほしい」と言うと、「ああ、でもそうすると、ここがこうなるので」という口調で返し、常に否定的なのである。何本かある白髪を切ってほしいと言った客には、「何本かどころか、たくさんありますよ」「抜くのは嫌なんですか。抜くのと切るのとで、何が違うんですか」と言ったりする。こういう話し方が聞こえてくるのが好きになれず、私は新しい店を見つけて、その店に行くのをやめてしまったことがある。その床屋は、そうしてせっかくのカットの技術を提供する客を減らしてしまうのだろう。

大学院の教室では、最前列に座っているのに、ノートパソコンを開いて、まったく前を見ずに、画面だけを覗《のぞ》き込んでいる社会人院生がいる。ずっと速いスピードでタイプしていて、他の人たちが相づちを打ったりしているときも、画面しか見ていない。

後で知ったのだが、その社会人院生は、話を聞きながら、ずっとパソコンでノートを取っていたのだ。講師の目の前で、熱心といえば熱心なのだろうが、私は、この人が自分の授業をまったく無視して、何か別のことをしているのだと信じきっていた。

追ってその本人から聞いたのだが、会社でも同じことをしていて、厳しく注意されたらしい。会社の人は、話を聞きながらノートを取っていることは知っていたらしいが、「話を聞くときは、顔を上げて頷《うなず》いたり、きちんとコミュニケーションを取るものだ」と注意したそうだ。それで彼は、「自分の熱心さが評価されず、むしろ非難されたことに、納得ができなかったんです」と言っていた。

私は、その人が専門分野において非常に優秀であることを知っていただけに、これをとても残念に思った。ライカビリティの低さにより、専門分野の能力が認められにくくなってしまう例だからだ。

ライカビリティとは何か――相手が何を好ましいと思うかを考えてみる

ライカビリティとは「好きになられる能力」であり、「人の気持ちを前向きにする能力」

のことである。

見た目、行ない、振る舞い（非言語によるコミュニケーション）と、「人が口にすること」（言語によるコミュニケーション）の両方が、ライカビリティの高低に影響するが、本書では主に「人が口にすること」について考察していく（第2章から第4章までで言語コミュニケーションについて扱い、第5章で非言語コミュニケーションを扱う）。

人はどうすると気持ちを前向きにするのだろうか。人は物事を感情で決めるが、どうすれば好意的に扱ってもらいやすくなるのだろうか。

これを考えるに当たっては、認識しておくべきことがある。

人は誰でも、「認められたい」「大事にされたい」「気にかけてほしい」と望んでいる。

このことを忘れてはいけない。人は、誰かに認められている、大事にされている、気にかけてもらっていると感じれば、その人に好感を持つ。反対に、自分を認めてくれない、大事にしてくれない、気にかけてくれないと感じれば、その人に対して好感を持ちにくくなる。

私たちはどんな人と一緒に働きたいと思っているかといえば、特別に才能のある人でもなければ、高い業績を上げている人でもなく、社会的地位の高い人でもない。その代わりに、私たちは、自分のことを認めてくれる人、大事にしてくれる人、気にかけてくれる人と一緒に働きたいと思っている。

もちろん、今のレベルの仕事に甘んじていないで、もっと野心を持って、活躍する人たちの中へ飛び込みたい、という想いを持つことはあるだろう。居心地のよさよりも、挑戦していくことに価値を見出したいという気持ちだ。

こうした想いは、もちろん理解できるし、そうすればいいことなのだが、ここで述べているのは、毎日の仕事を一緒にするのに、どんな人を好ましいと思うかということだ。日々顔を合わせて仕事をするなら、自分を認めてくれて、大事に思ってくれて、気にかけてくれている人がいいに決まっている。

周囲の人も、あなたが特別な才能を持っていることや、業績や地位の高い人であることばかりを望んでおらず、できればあなたに、自分のことを認め、大事にし、気にかけてくれる人であってほしいと望んでいるのだ。

仕事ではなく、生活において一緒に過ごす人についても、まったく同じことがいえる。

どんな人と一緒に働きたいか

したがってライカビリティを高めるには、自分が相手を「認めている」「大事に思っている」「気にかけている」ことを上手に伝える必要がある。

具体的には、どうすればいいのか。

会話の中で「相手の感情について話す」というのが、その答えなのだが、この意味と詳細は、第2章で説明しよう。その前に、「認めている」「大事に思っている」「気にかけている」ことを伝えるとはどんなことかをイメージするために、少し例を見てほしい。

これは他愛もない例かもしれないが、私の身近で実際にあったわかりやすい例である。

あるとき、私は勤めていた会社の机に座って、社内報を配る女性社員をふとぼんやり眺めていた。そのとき何を考えていたかというと、その数日前に、「娘を事務手伝いなどで就職させても、何も身につかなくて、結局、手に職もつけられない。それじゃあ、あまりにもったいない」と話していた知り合いを思い出して、「確かに、こうして社内報作成のアシスタントをしていても、手に職はつきにくいのかなぁ」と、目の前の女性社員には、とても言えないようなことを思案していたのだ。

失礼ながら、この女性社員が普段からあまり愛想のいい人ではなかったこともあり、私も社内報を受け取ったときには、ほとんど無表情のまま「ありがとう」と口にしただけだった。

するると次の瞬間に、私の近くに座っていた年配の男性社員が、

「おっ、どうもありがとう。これは配るだけでもたいへんだよね」

と女性社員に声をかけたのだ。

「全部のフロアに配っているのかな。どこに何人いるのか把握するだけでもたいへんだよね」と、ニコニコしながら大きな声で話しはじめたのだ。

すると女性社員は「うふふ」などと声を出して、「そうなんですよ」と嬉しそうに返事をしている。

男性のほうも「2階から5階まで全部配ってるのかぁ」と相変わらず笑顔で、思いやりのあることを言い続けているのだ。

私は正直なところ当時、そうして社内報を配ることの何がたいへんなのか、さっぱりわからなかったが、女性社員は、この年配の男性社員の言葉によって、認められ、大事にされ、気にかけられていると感じていたようだった。その様子が非常に印象的だったので、よく記憶しているし、また、この年配の男性社員を見習わなければな、と思ったものだった。

私と年配の男性社員のどちらにライカビリティを感じるかといえば、もちろん年配の男性社員にであろう。そして、より一緒に働きたい人も、その人であることは間違いなかった。

「認められたこと」は忘れない

次に話すのは、またしても私の少し個人的な体験を例にとった話である。苦笑する方もいらっしゃるだろうが、お許しいただき、読んでいただきたい。

世界中で人気のある「ラウドネス」という、日本のヘビーメタル・バンドをご存知だろうか。私は高校生の頃に、イギリスで録音された彼らの4枚目のアルバムで、ヘビーメタルの名盤として知られる『DISILLUSION～撃剣霊化《げっけんれいか》～』を聴いて夢中になった。それ以前のアルバムも愛聴するようになり、ラウドネスのコピーバンドにまで参加したことがある。

しかししばらくして、コピーバンドのメンバーと少し距離をとった時期があり、ラウドネスの音楽も聴かなくなってしまった。

それから数年後、バンド仲間とは別の友人が、ラウドネスのアメリカでの活躍について熱く語るのを聞いた。ラウドネスは『DISILLUSION～撃剣霊化～』以降、アメリカへ進出し、すでに現地録音した2枚のアルバムと全米ツアーで成功し、最近発売された現地録音3枚目のアルバム『ハリケーン・アイズ』は最高の出来栄えで、絶対に聴くべきだと言う。そうして聴いた『ハリケーン・アイズ』の衝撃、さらに追って友人と、当時住んでいた東京から埼玉県まで観に行ったライブで受けた衝撃は、忘れることができない。もともと才能のあるミュージシャンが、アメリカへ渡って揉《も》まれてくると、こんなに成長するのかと、生意気なことを思ったものだ。

その後、アメリカへ留学することになっていた私のために、友人がラウドネスのシンガー・二井原実《にいはらみのる》氏がアメリカ進出時のことを記した著書『ロックン・ロール・ジプシー』（JICC出版局、1988年）をプレゼントしてくれた。私はこの本を何度も読んで、自分の渡米の際のバイブルのように思っていた。

留学した先はロサンゼルスで、偶然にも二井原氏の著書『ロックン・ロール・ジプシー』に出てきた「カントリークラブ」というライブハウスがホームステイ先の近くにあった。私はこれ幸いにと、ヘビーメタル関連のライブを時折観に行っていた。

ある晩、一人でカントリークラブへ行った私は、その瞬間、驚きのあまり固まってしまった。通路を歩いていた私の目の前に、突然「マーくん」（ラウドネスのベーシスト・山下昌良氏）が現れたのだ（！）。マーくんは通路の向こう側から、バンドのスタッフらしき人と一緒に歩いてきて、たまたま私と目が合ったのだ。

マーくんは、「ああ、日本人だな」というくらいの表情をしたのだが、私が思わず「こんにちは」と言うと、普通に「こんにちは」と返事をしてくれたのだった。私は緊張しきって「はじめまして。よろしくお願いします」と言い、「しまった。何てまぬけなことを言っているのだろう」と思ったが、マーくんは「こちらこそよろしく」と言って、少し会話をしてくれたのだ（ファンの方以外には何の話やら、という感じかもしれないが、自分の一番大好きなアイドルや有名人に置き換えて、読んでみてほしい……）。

これをきっかけに、私がマーくんの一層のファンになったのは言うまでもない。その数年後にも、またレコーディングでロサンゼルスを訪れていたラウドネスのメンバーに会える機会があったのだが、そのときのマーくんもじつにフレンドリーで、数多くいるファンの一人にすぎない私にもいろんな話を聞かせてくれた。

憧れて本や雑誌で見ていた有名ミュージシャン。そんな存在には、たとえ触れ合う機会があったとしても、相手にされなくても仕方がないと思っていた。しかしマーくんは、私がかつて埼玉県で観たライブのことや、二井原氏の本で読んで感銘を受けたことについて話をしても、きちんと耳を傾けて、聞いてくれたのだ。

それだけのことではあるが、それが私にはとてつもなく嬉しく、それから25年以上経った今でも、私はマーくんの大ファンなのである。ファンとして「認めてくれた」と感じた気持ちが、今もずっと続いているのである。

成功者が語る「成功した理由」

あなたの周囲には、「どうやって成功したのか、お話を聞かせていただけませんか」と頼んでみたくなる人はいるだろうか。私も学生時代から、そんな人が現れるたびにうかがっていたのだが、不思議なことに、誰に聞いてもほぼ共通して出てくる話があった。

一つは、「一生懸命にやっていたら、いつの間にかこうなっていた」という話。もう一つは、「運よく自分を助けてくれる人が現れた」という話だ。

私は、前者の「一生懸命に仕事に取り組んだ」という話は参考になっても、運がよかったとか、助けてくれる人が登場したという話は、語ってくれるのはありがたいが、聞いても意味がないと思っていた。なぜなら、運がよいことも、自分にチャンスを与えてくれる人が現れることも、真似《まね》ようとしてもできることではないと思っていたからだ。

そういう話よりは、経済や経営についての考え方や、ビジネスモデルについての解説、売り込みのテクニックといった話のほうが、自分のためになると信じていた。頑張っていたら誰かに助けられたという話の、何が役に立つというのだろうか。

しかしながら、普段、ビジネスの現場などではあまり話を聞けないような人たちの多くが、プライベートな場で自分の成功の原因について語ってくれるときには、必ずといっていいほど、この話が出てくる。

誰かが助けてくれた。引っ張り上げてくれた。面倒を見てくれた。励ましてくれた。仕事を与えてくれた。

これはいったいどういうことなのか。理解するには、非常に時間がかかった。

こちらから引き寄せようとして、できるものではないと思えるし、助けてくれる人に登場してほしいと願うのは、他力本願とさえ思え、好ましいこととも考えられなかったのだ。

そんな自分も40代になり、20代、30代のときよりも、キャリアの面で望んでいた方向へ進んでいると思えたとき、あらためて何が変化したのか考えてみると、40代の自分は、それ以前よりも、確実に周囲からの支援を得られているということに気づいたのだった。

自分の職業上のスキルがレベルアップしているのは確かだし、年齢を重ねた分、よい実績が増えたのも事実だが、少しでも満足できる方向に進んでこられているのは、まさに助けてくれる人たちが現れたおかげであり、私もそうした意味では、間違いなく「運がよかった」といえるのである。

仕事を与えてくれる人たち、自分を引き上げてくれる人たちが登場し、面倒を見てくれたのだった。

それでは、これは一生懸命に仕事をしてきて、偶然に起こったことだろうか。自分が運を引き寄せたのだ、という意識はないが、ビジネスモデルを構築したり、売り込みを続けたことだけで、こうしたチャンスを与えられたようにも思わない。他に理由があったとすれば、何か別のことのはずだ。

成功するはずのない態度

逆に、もしこんな態度でいたなら、誰も面倒を見てくれなかっただろうと思えることがある。極端だが、一つ例を挙げよう。

今ではすでになくなっているようだが、以前、ＪＲ大阪駅の御堂筋《みどうすじ》口を南側に出たところに、観光案内所のような小屋があった。じつはその案内所の対応が非常にわるいという話を聞いたことがあったのだが、あるとき私は訪れてみた。そこへ入って、紀伊國屋書店梅田本店の場所をたずねたのである。

大阪駅のこの辺りの地理に詳しい方であれば、書店までの道順を上手く説明するのは難しいかもしれないとわかるだろう。かなり込み入っているのだ。

しかし、この観光案内所の女性係員は、そんな想像をはるかに超えていた。もともと親切に、あるいは丁寧に説明する気など、少しもありはしない、という様子であった。

観光案内所の中に入り、道順をたずねると、係員はじつに面倒くさそうに、立ち上がりもせず、相手の顔を見ることもなく、目の前のカウンターにあった説明用の地図を鉛筆で指して、地図上の道をなぞりはじめた。いったいどうすれば、その説明から、歩いて行くべき道がわかると考えているのかは不明だが、その係員は、「こう行って、こう行って、ここです」と紀伊國屋と印刷された場所を鉛筆で叩いている。

係員はその間も、終始「国語辞典の無愛想という欄には、私の顔写真を入れるべきです」とでもいうような表情をしていた。私が、『まずそこ』からと言った『そこ』とはどこですか」と聞くと、同じ姿勢で目の前のテーブルを眺めたまま、鉛筆の尻のほうを斜め後ろの方向に向け、「あそこ」と言う。その「あそこ」がどこなのかは、誰にもわからないだろう。

私は、これでも世界25カ国で業務経験があり、１００都市以上を繰り返し訪れ、仕事をしている経験上、一般によく言われるとおり、フランスで英語で道をたずねたときには非常に不親切にされることは知っているし、個人的にはイギリスも、全体的に道案内は不親切だと思っている。

ロンドン市内のある駅の案内所では、あまりに何も知らない上に、不親切極まりない係員と、列に並んで順番にその係員にたずねごとをする地元の客たちが次々にケンカになっている様子を見たことがある。順番が回ってきた私も、こんな係員が案内所に座っているのは前代未聞だと思ったものだった。しかし、この大阪駅の案内所の女性係員は、知っているのにもかかわらずまともに説明しないという点で、世界でもめずらしいほどの傲慢《ごうまん》とでもいう態度であった。

ライカビリティという視点で見れば、この女性のそれは、当然、極端に低いということになる。では、こうした態度の人のところに、親切な誰かが現れ、引き上げて、面倒を見てくれるという幸運が訪れることはあるだろうか。

まったくないとは言い切れないが、じつに考えにくいことがわかるだろう。

成功している人が言うこと

こうしてずいぶんと後になって気づいたのだが、成功者たちが「一生懸命やっていたら助けてくれる人が現れた」と話してくれたときに、私が考えるべきだったのは、このことだったのだ。とても大事な話をしてくれていたのに、そのポイントがつかめず、重要さに気づけなかったのである。

タレントの明石家さんまさんが、昔からよくされる話がある。その話の内容の大切さにも、やはり私はついていっていなかった。

それは次のような話である。大阪駅の案内所の係員とは、正反対の意識を持っておられることがわかる。

「なるべく嫌われないように努めてる、人生」（中略）

「好かれたいやんか。嫌われるより。一人でも（多くの人に）」（中略）

「ジョージ（村上、共演者）なんかは別に嫌いなもんは嫌いで（中略）こいつまあようケンカしたりも意外とするんですよ。言いたいこと言いよるんですけども、オレはなるべく相手が怒らないように、なるべくオレも、人が気分がわるくならないようにとか……」

（毎日放送ＭＢＳラジオ『ヤングタウン土曜日』２０１４年3月1日放送分より）

次は、テレビ番組内での野球解説者・江川卓氏との会話だ。

さんま「みんなに好かれたい男じゃないんだ、江川卓は」
江川「たぶん」
さんま「ああ、ボクはもう、みんなに好かれたいんですよ」
江川「でも、（さんまさんは）好かれますもんね」
さんま「いやだから、こっちは好かれようとしてますから、好かれるでしょう」

（関西テレビ／吉本興業『さんまのまんま』２０１４年7月5日　関西テレビ放映分より）

ここでさんまさんは、技術的な話はされていないが、こういった気持ちを持っていらっしゃることがわかる。

ここでは極端な例を挙げたが、私たちも、成功したければ、人から支援され、チャンスを与えてもらうことが必要で、そうされたいのであれば、ライカビリティを高めて、周囲の人に前向きな気持ちになってもらい、好かれようとすることが大切だということがわかるだろう。経験を語ってくれた成功者たちは、このように解説してくれたわけではないが、これらのことは、彼らが語ってくれたことから学べることの中でも、もっとも重要なことの一つだった。

こうして長い時間を経て、私はライカビリティを高めることが、本当に大事なテーマに思えてならなくなった。それこそが、成功するかしないかを決めることのようにさえ思えるようになったのである。

「いつでもどこでも」でなくていい

人に好感を持ってもらい、好かれようとすることが大切だと言うと、それではいつでもどこでもライカビリティを見せないといけないのか、と疑問を持つ人もいるかもしれない。しかし、結論から言って、もちろんそんなことはない。

誰にでも好かれるように行動すべきというのは、世の中全体に対する「基本的な姿勢」の話であって、個別のケースがすべてそれに該当するわけではない。

案内所の係員が、いつ誰に何を言われても、常に愛想よくしないといけないかというと、客観的に見てもそうする必要がないときはあるものだし、さんまさんについても、あらゆる場所でどんな相手にも合わせてほしいと、私たちが思っているわけではない。

私たちは、その必要がなければ、相手や周囲に合わせなくてもよいことは多いのだ。

私にしたって、ライカビリティというテーマを扱っていることで、いつも穏《おだ》やかで、愛想もいい人と思われるかもしれないが、私は思ったことは口にするほうだし、何でも「はいはい」と聞くほうではない。むしろ、「こんなことに合わせるのは嫌だなぁ」と感じていることは、人より多いかもしれない。

私は、アメリカの大学の学部を卒業して、そのまま現地で就職した。現地で働くことについては、外国であるということ故《ゆえ》に感じていたストレスはそれなりにあったと思う。しかし、会社内でどう振る舞ったらいいのかに関して悩むことは、じつは日本に帰国して働きはじめてからのほうが圧倒的に多かった。

私は29歳のときに帰国して、日本のメーカーの海外事業部に勤めた。もちろんこの会社に勤めさせていただいたことは、すばらしい経験であり、今でも感謝しているが、長年暮らしたアメリカから帰国したばかりということもあり、当時は戸惑《とまど》うことが多かった。

入社当時にまず気になったのが、朝早く出勤してきてスポーツ新聞を読んでいる人がいることだった。このことそのものに何か言いたいわけではなかった。だが、こういった人がいるところで何が起きているかというと、他の多くの人たちも、定時より30分から1時間早く出社しているのだが、そのほとんどが、社内で仕事とは関係のない内容のEメールをやりとりしているのだ。

つまり、なぜか早く職場に来ている人が多いのだが、みんな仕事はしていない。

全体的に私語も多い職場で、定時に帰宅する人は、一般職という形で採用されている一部の人たちだけで、総合職の人たちは、定時以降、大体1時間から数時間、オフィスに残っている。朝の定時から、ムダを省《はぶ》いて、テキパキやっていれば、残業など必要ないように見えるのだが、なぜかそうはしない。しかも、みなが残業代をもらっているわけでもないのにかかわらずだ。

つまり、早めに出社するのも、残業しているのも、ほとんどの場合、そうしないといけないような雰囲気があるから、そうしているのにすぎなかった。

こうした従業員の行動は、未熟なものに思えたが、私個人はこうした雰囲気の中でも、自分がおかしいと思うことはしないほうなので、仕事をしないのに職場にいることはせずに済んでいた。

ただ、こうした職場では、風土の犠牲になる人がいて、たとえば10代の一般職の女性社員でも、総合職の30代の社員の指示で、毎日遅くまで残業していたりするのだ。

私には、その残業が、30代の社員の要領のわるい管理と、バタバタ引《ひ》っ掻《か》き回すだけで、ほとんど仕事ができないことのしわ寄せによるものに見え、本来必要なものとは思えなかった。私はその30代の社員が、「こんなふうに忙しそうにしていれば（上司には）何かしているように見えるものだ」と話すのを聞いたことがあり、そうした不真面目さに嫌悪感を持っていたのだが、管理職者はこんな状態については見て見ぬ振りをするのだ。10代の女性社員に、きちんと残業代をもらっているのかと聞くと、はっきり答えない。

アメリカで会社に勤めていた頃には、こんなことはあり得る話ではなく、異常もいいところなのだが、なぜかこれがまかり通っている。私は、残業をさせられている本人には、「残業したくないと話したほうがいい」と伝え、残業させている人にも、その上司にも、「こんなことをしていていいのか」と問うたのだが、こうしたことは氷山の一角だということもあり、なぜか私が浮いてしまうような格好になってしまった。

極端に聞こえるかもしれないが、この状態は、社員が自分の時間も、他人の時間も大事にしていない状態だ。

こうした環境では、会議があっても、指名された人が、できるだけすみやかに要点だけを述べるという規律はなく、指名されると、「あっ、はい。それでは、あっ、これはぁ、一部の方にはすでにお話ししたんですがぁ、えっ、あ、一部というか、他部署も含めて数人ですけど……」といった、ムダな前置きが延々と続く会議となるのだ。

そして、それを改善してくれと指摘をしたりすれば、村八分のような扱いを受けることになる。まあ、それでも陰で悪口を言われるくらいのものなのだが、それに耐えられないという人は多い。

さて、こんなところでライカビリティを出して、周囲に合わせないといけないのかと心配になる人もいるだろう。もちろん、ライカビリティは、こんな風潮に合わせるために身につけるものではない。

ここに挙げた例のように、これはおかしいじゃないか、と思えるような場面で、好かれることを優先する必要などはありはしない。

会社帰りに飲みに誘われて、それが断りにくいとき。会社で不正行為が行なわれているのを見てしまったとき。故意に事実を捻《ね》じ曲《ま》げて書かれた報告書を見たとき。こんなこともあるかもしれない。「これは間違っている」と思うときでも、ライカビリティを発揮するべきだ、と言っているわけでない。

突然の使い分けは難しい――ライカビリティを高めるには訓練が必要

ただ、ここで注意したいことがある。ライカビリティというのは、必要なときにだけ発揮すればよいと考えても、なかなかそうできるものでもないということだ。

必要でないときには、ライカビリティを中くらいか低めの状態にして、必要なときにだけ上げるというのは、じつは相当の技術を要する。

使い分けることは、特に、ライカビリティの高くない人にとっては容易ではないのだ。以降、読み進んでもらうことで、それを感じ取り理解してもらえると思うが、ここでは使い分けることの難しさについて、別の例を用いて話しておきたい。

私は、大学院の授業の一環でプレゼンテーションの仕方を指導しているが、社会人院生も含めた学生のほとんどは、人前で話すための訓練を受けたことがなく、めちゃめちゃという表現がぴったりの話し方をすることもめずらしくない。

彼らはまず、人前できちんと立つことができない。正面を向いて、手は前で組むか、体の横に置いて、穏やかに、まっすぐ立てる人は少ない。落ち着きなく動いてしまい、どんな姿勢でどこに手を置くのが適切かといったことなど、まるで考えていないのだ。

話しはじめても「えー、えーっと。それじゃあ、は、はじめていいですか〜」などと言い出してしまい、声はたいてい聞こえにくく、早口のことも多い。そして、ほとんどの場合、必ず手や腕を無意味に動かしながら、人によっては、なぜか体も動かして話すのだ。

人前に立ってプレゼンテーションをするときは、名前を呼ばれたら、すみやかに前に出て、まずは、正面を向いて基本姿勢と呼ばれる立ち方で、あいさつをするのが普通だ。

その後には、手や体は動かさずに、まっすぐの姿勢で、落ち着いて話すことが大事だ。

人によっては、手や体を動かしながら話すのがよいと信じている場合もあるが、まずは手や体は、動かさずに話せるようになることが必要で、それができたら、手や体を効果的に使うことを覚えはじめるものなのだ。

ほとんどの人は、この「動かず（動かさず）に話す」という基本ができず、自分の腕を振り上げてみたり、手を動かしたり、体をくねくねさせたりしないと、話すことそのものができない。それなのに、なぜか、体は動かすべきで、自分はわざとそれをしていると思っているのだ。

多くの学生が、プレゼンテーションの上手な人の例としてスティーブ・ジョブズの名前を挙げるが、ジョブズがそんなに落ち着きなく動きながら話していたかと聞くと、ようやく自分の動きのおかしさについても理解できるようだ。そして、基本姿勢をとって、動かないで話すことには、技術が必要なことにも気づきはじめる。

ライカビリティについても、ライカビリティが低い人の中には、「自分だって必要があれば、愛想よくすることはできる」と考えている人も多い。しかし、それはプレゼンテーションで、基本姿勢をとって、手を動かさずに、穏やかに話すことと同じように、すぐに上手くできることではない。むしろ、練習を繰り返さないと、上手に行なうのは難しいのだ。

褒め合ってみる演習――慣れると上がるライカビリティ

ライカビリティを研修や授業で扱うときには、人の「認められたい」「大事にされたい」「気にかけてほしい」という気持ちを満たす練習のために、２人１組でお互いを褒《ほ》め合う演習を行なっている。

一人が別の一人を3分間褒め続ける。外見のことでも、内面のことでも、初対面の場合は、その日に会ってからの印象でも構わない。ともかく褒め続けてもらう。

この演習なのだが、簡単に見えて、やはり上手くできない人たちがいる。

「それでは、はじめてください」と言った瞬間に、ニヤニヤしながら「えっ、これ難しいですよねー!?」と言い出し、少し褒めたと思ったら「わぁー、3分って長いですよねー」といったことばかり、話してしまうのだ。

褒めてもらう側が上手くできないこともあり、「アハハ、これ、照れますよねぇー!」とはしゃいでみたり、ただ褒めてもらっていてくださいと頼んでいるのに、自分がベラベラ話しはじめたりしてしまう。

こうなってしまうのは、普段から人を褒めたことも、褒められたこともない人たちだ。あらためてこうしたことをするとなると、照れくさくなってしまう気持ちもわかるのだが、やはりそれ以上に、残念ながら「人の長所を見つけてそれについて話してあげる」のが下手で、また自分も褒められると、必要以上に照れてしまったりする。

そのため最近では、この演習を行なう前に、褒めるほうはきちんと褒め続け、褒められるほうも、話し出したりせず、褒められていることに感謝しながら、しっかり聞いてくださいねとお願いすることにしている。演習として、きちんとやってくださいと頼むわけだ。

そうすると、ほとんどの人たちは、おおむね上手に演習をこなすことができる。3分間が終了すると、今度は、褒める人と褒められる人の役を変わってもらい、同じように3分間の演習をする。


私がはじめてこの演習を経験したのは、アメリカで大学に入学する前に通った大学付属の語学学校においてであったが、やはり、はじめはそのクラスでも、全体的に演習が上手くできなかった。それが、毎日同じ演習が繰り返されるにつれて、褒めるのも褒められるのも、少しずつ上手くなっていくのを実感したように思う。

そのうちに私も、「これは技術的にきちんとできないといけないことではないか」と思いはじめた。おそらく私と同じように感じていたのだろうか、この演習をきちんとやらなかったり、できなくてふざけ合っている人たちを見て、「真面目にやろう」と怒り出す学生もいた。褒め合う演習をきちんとできないことが、次第に幼稚なことに見えてきてしまったのだ。

この演習は、これ自体を楽しむことができるようになると、かなり慣れてきている証拠である。ライカビリティがだいぶ高まっている状態でもある。そしてこの演習を行なった後は、演習を行なっていない場合に比べて、クラスでも物事は格段に進みやすい雰囲気になる。

とはいえ、実際の職場では、毎日お互いを褒め合っているわけにもいかない。どうすればいいのだろうか。職場以外の場所でも同じことだ。ずっとお互いのよいところを褒め合うことだけで、普段の会話が成り立つわけではない。そこで、どうするのか。

その答えは、普段から、お互いが「相手の感情について話す」ようにすることである。これについては、次章以降で考察していこう。

私たちは、「相手の感情について話す」ことにより、相手を認め、大事にし、気にかけていることを表現でき、それが私たちのライカビリティ——好感を与え、人の気持ちを前向きにする能力——を高めていく。

私たちは、普段からお互いに励まし合って、お互いに自信の持てる会話をすることを目指している。それによって、お互いの気持ちを前向きにして、円滑な関係を築きたいからだ。

これは相手をおだてたり、媚《こび》を売ったり、取り入ったりすることとは違う。何らわざとらしいことを言うわけではない。

相手の感情について話すとは、どういうことか。順に見ていくことにしよう。

第2章　どうすればライカビリティが高まるのか

人が口にすることにはパターンがある——「6つの返答パターン」（例題1）

まずは、次の問題を見てみよう。

あなたが会社のコピー機の前で、次のようにつぶやいたとする。

「メンテナンスの人、遅いなあ。何時に来るのかな」

こうした一言に対して、あなたの周りには、どんなことを言う人がいるだろうか。

返答には、いくつかのパターンがある。

①「電話してみたら？」（解決案）

これはあなたが述べたことに対して、解決案を述べるパターンだ。あなたが解決案を求めているかどうかにかかわらず、「こうしたらいいではないか」と話してくる人だ。

②「そのうち来ますよ」（無関心）

あなたの述べること、そしてあなたの気持ちに無関心な人のセリフだ。あなたの問題は、この人にとっては他人事である。

③「私なんか、この間、半日待たされたわよ」（私の話）

あなたが何かを口にすると、その話題が何であれ、自分のことを話し出す人だ。あなたの話に関連したこと、または、関連しているようでしていないことについても、自分の経験や考えを話しはじめる。すぐに「私」が出てくる。「私さぁ」「私ってさぁ」「オレもさぁ」で話がはじまることが多い。

④「こんなの遅いのに入りませんよ」（反論）

何でも反対のことを言ってくる人だ。「遅いなあ」と言えば「遅くない」、「結構早く来たなぁ」と言えば「これは普通でしょ」と言う。特にあなたにターゲットを絞って反対意見を述べようとしているのではないが、あなたの述べることすべてに対して、「それは違う」という意味のことを言ってくる。「いやぁ、ちょっと違うと思うけど」「えー、そういう意味で言ったんじゃないけど」など、反論のフレーズを数多く用いる。

⑤「メンテの人は、前の仕事が長引くと遅くなるんだよ」(解説)
この人は、すぐに長い解説をはじめてしまう。あなたが「メンテナンスの人が遅くて困る」と言っただけで、メンテの会社の所在地、その会社に所属するメンテ担当者の人数、各担当者の受け持つ顧客数など、知っていることを次々と話しはじめるだろう。「富士ゼロックスの場合はね……」と、話は延々と続く。

⑥「約束の時間に来ないと、困りますよね」(感情)
これが「相手の感情について話す」パターンだ。「メンテナンスの人、遅いなあ。何時に来るのかな」と述べたあなたの心情について話している。

特に解決案には言及せず、でも無関心でもなく、「私は」と言ってその人自身の話をはじめるわけでもない。反論などしてこないし、解説をはじめたりもしない。

その代わりに、話した人の気持ちを表す一言を述べる。これがライカビリティの高い人が口にすることのパターンだ。


ここに挙げた6つのパターンの中で、私たちが口にしてよいのは、1つ目の「解決案」と、

6つ目の「感情」だけだ。

他のパターンは、人をよい気分にはしない話し方だ。人を励ます内容にはならないし、人を前向きな気持ちにもしない。そう話した人自身のライカビリティを上げることはなく、下げることになるセリフばかりである。

これらのパターンで返事をする人と好んで話したがる人は、滅多《めった》にいるものではない。そのことを肝《きも》に銘じておこう。

口にしていい2つのパターンのうち、「解決案」を話す際にも注意が必要だ。それが必要とされているときには、もちろん提案すべきだが、本当に必要とされているかどうかを見極めないと、他のパターンと同じように、ライカビリティを下げる原因になりかねない。

誰かが「メンテナンスの人、遅いなあ」と口にしたときには、口にしたその人自身も、メンテナンスの会社に電話をかけられることくらいは知っているはずだ。そのため「電話してみれば」という提案をしたとしても、それが必ずしも必要だったかどうかわからない。

女性従業員2人が「メンテの人遅いわね」と話していたとしよう。そこで男性のあなたが「電話してみれば」と言っても、あなたのライカビリティが上がることはないだろう。それどころか、「別にそんなことわかってるわ」と思われるのがオチだ。

解決案として言うなら、「電話してあげようか」くらいのオファーをしてあげなくてはいけない。

解決案を話すのは、本当に伝えたほうがよさそうな案があるときか、わかりきった内容でも、あえて勧めておきたいときだけにするのがいいだろう。

したがって、「感情」の返答例が〇、「解決案」は△、その他は×となる。


ここでもう一つ例を見てみよう。

どこかの店でランチを終えて出てきたとする。そしてあなたが、「さっきのお店はよかったよね」と言ったとしよう。

この一言への返答を考えてみよう。この返答には「解決案」は特に出てこないはずなので、二番目の「無関心」から見ていこう。

②「ああ、そうかもね」（無関心）
あなたがどんな気持ちでいるか関心のない人は、感情移入することもなく、こう答えてくるだろう。

③「私が先週行ったお店のメニューでね……」（私の話）
何を言っても、「私は」「私の体験では」「私が感じるのは」と話がはじまる人だ。

④「そうかなあ。特別いいとは思わなかったけど……」（反論）
あなたのどんな一言にも反対のことを述べてくる人の返事。

⑤「競争が激しい業界だからね。駅の向こう側へ行くとね……」（解説）
あなたの一言に関連して、知っていることを次々と話し続けるパターンだ。

⑥「気分がよくなりますよね」（感情）
これがライカビリティの高い、模範的な返答だ。「さっきのお店はよかったね」と述べた、あなたの気持ちについて話している。

あなたの気持ちに関心を持っているし、自分の話などすることはなく、反対意見を述べることもない。解説もなく、話した人の感情について言及できているパターンだ。

あなたの周囲には、どのパターンを口にする人が多いだろうか。

私たちは、「感情」のパターンで話すことで、話し相手と気持ちのよい会話ができるものなのだ。とりたててお勧めできる「解決案」がなければ、「感情」のパターン以外での受け答えはすべきではないのである。

時折、次のような会話を聞くこともあるが、要注意だ。

「さっきのお店はよかったよね」と話した人に、「感情」のパターンを使って「気分がよくなりますよね」と上手に答えてあげている人がいるのに、はじめに「さっきのお店はよかったよね」と言った人が、「いやっ、気分がよくなるっていうかさぁ」と、それを否定し、反論してしまうような会話だ。

あなた自身は普段、どのパターンの返答を口にしているだろうか。話す相手によって異なることもあるだろう。一度、よく思い返して考えてみてほしい。

人をよい気分にしない返答パターン

自分が感情以外のパターンを話していると気づいたら、注意が必要だ。「無関心」「私の話」「反論」「解説」ばかりでは、ライカビリティは下がる一方だ。しかしながら、多くの人たちが、このパターンで話してしまっているのは事実だ。

これらの、「よくない方のパターン」をもう少し考察してみたい。すでに述べた特徴への補足だと捉えてほしい。

「無関心」な返答

気のない返事に好感を持つ人はいない。わざとそうしているわけでなければ、もう少し「きちんと」受け答えをする必要がある。

無関心なつもりはないのに、無関心と思われやすい人もいる。そんなつもりはないのに「冷たい」とか「機械的」とか言われ、それを不本意に思っていることもある。

声の大きさや相づちの打ち方など、他に改善できる面があることも多いが（話も相づちも、相手より大きな声でするとよい）、無関心と思われたくなければ、相手の感情に触れる一言を述べることを意識しよう。特に他の話をしようとする必要はない。

「静かだ」とか「大人しい」という印象がわるいのではない。「無関心」と思われるのが損なのだ。感情に触れる言葉で、「相手のことをちゃんと考えている」ということを、きちんと示そう。

「私の話」が出てくる

自分の話をせずにはいられない人の話だ。いつでもすぐに「私の」体験や考え、「私の」知り合いに起きたことについて話がはじまってしまう。

人のしている話については、自分のことが語られている場合を除いては本当は関心を持ってはいないのだが、人の話を聞かずに自分のことばかりを話すのは愚《おろ》かだという意識は一応あるため、「私の話」をはじめる前に、まず人の話を聞いたふりをすることは多い。

本当は「人の話を聞いている」というよりも、「人にも話す時間を割り振っている」にすぎず、まるで話に関心など持っていないのである。

相手の話に対して適当に解決案などを述べてから、「私は……」と話しはじめるなど、「私の話」に入る前にフェイントをかけることも多い。いきなり「私の話」をはじめたと悟《さと》られないための配慮だが、バレバレである。

「私の話」をする人は、「嬉しいなぁ」「ありがたいよね」などとポジティブなことを口にしていても、それは話に出た出来事について、「私は」こんな考え方をしているという意思表示であることが多く、「私の考え方」を話しているにすぎない。

「反論」してくる

反論してくる人は、本当にその必要があって、よく考えた上で話してくるというわけではなく、「反論」あるいは「否定」するのが癖《くせ》で、ともかくしょっちゅう人が口にしたことと反対のことを言っている。

本人は無意識にそうしていることも多く、それで自分は会話を盛り上げていると考えていることとさえある。

「それ違いますよ」というフレーズをまともなものだと思っている傾向があり、目上の人には「ちょっと違いますよー」、同僚には「それ違うじゃん」、後輩には「違うだろ」を連発する。

「チョコレートもらったけど、ぜんぜん高級じゃないしー」といった否定形の話にユーモアがあると思っており、「なんであの人に丁寧にあいさつして、私にはしないのぉ」というセリフをかわいいと考えていることもめずらしくない。

「これの使い方わかりますか」と聞かれて、「わかるよ」と言って教えはじめた人が使い方を間違えると、「わかってないじゃん！」とツッコミを入れるのをおもしろいと思っているタイプだ（もちろん、こういう会話がおもしろいこともあるが）。

たとえば、若い女性が明るく言ってくる分には、もしつまらなくても、しばらくなら耐えられるという感じがするが、暗い男がこういうタイプだと、嫌な気分にしかならない。

先日も、アジアからの留学生の男子学生に、「もう一人、あなたの国から来た学生がいるでしょう。彼女は、日本語は書けるのかな」とたずねたら、「知りませんね。いやあ、日本に留学に来てまで、同じ国の人と親しくしたくありませんよ」と言う。

彼は、私に悪気があるわけでもなければ、話す内容が特別におかしいわけでもないのだが、いつも否定的な口調で、反論めいたことを話す癖がある。

「日本のプロ野球観たことあるかな」と聞くと、「いえ、あんまり興味ないというか、なんでみんなが観たがるのかわからないですね」と答える、といった調子で、常に斜《しゃ》に構えた感じになってしまう。反対の考えを述べることが賢いと考えている節もある。

このように、ときどきであっても「反論」をする癖のある人は、話し相手を嫌な気分にさせ、ストレスを与えているものだ。自分の発言を振り返って、よく考えてみるべきだろう。

「解説」がはじまる

先日、出くわしたケースである。

ある会合の席で、「(富山県の) 黒部ダムまでのバスで、話し声のうるさい婦人団体と一緒になったが、その人たちは誰も人の話は聞いておらず、それぞれ自分が話すチャンスだけをうかがっていた」という話を延々と解説する人がいた。

自分自身がいつどこで誰とバスに乗り、バス代はいくらだったという話にはじまり、子どもはそのときどこに預けたのか、バスの込み具合や到着までの所要時間など、あらゆる詳細に触れ、それからようやく婦人団体の話に入った。長いだけで、オチさえありそうもない話だ。こうしたとき、聞かされているほうは、自分でスマホの呼び出し音を鳴らし、自分で電話に出なくてはならない。

この人が、黒部ダムへのバス旅行があまりにもすばらしく、記念すべき一生の思い出として、特別にこの話をしたのではないことを証明する事実として、そのすぐ後に、脇で別の人が、「通販で注文したパソコン用のマウスパッドが届いたが、それが配送料込みでわずか90円程度だった」ことを話しはじめると、「えっ」と驚きの声を上げ、バス旅行の話は打ち切って、その通販会社のサービス、配送料、運送会社などについて、知っている限りを延々と語りはじめた。

話はすべてわかりきったことで、いったい何の話がしたいのかと思えば、最後に「そんなに安くて、その会社大丈夫ですかね」という一言であった。

何が言いたいというよりも、知っていることを話したいだけの「解説」タイプの見本のようであった。


これらの「よくない方のパターン」で話されたほうは、たまにであれば我慢するし、できるだけ聞き流してやりすごそうと努めるものだ。しかし、こういったことが頻繁にあると、その相手には辟易《へきえき》としているはずで、こうした話し手から解放されることを強く望んでいるのが普通だ。

つまり、これらのパターンで話す人に対して、ライカビリティを感じ、一層親密につき合いたいと思う人はいないと考えるべきなのだ。

会話で疲れ、嫌な気分になり、傷つくのは、誰だって嫌なものなのである。

ここで挙げたのはすべて実例だが、これらの相手がすべて、会うのをやめることができる相手だったり、話し方を改善するよう促すことができる相手ばかりであれば、嫌な気分になるといっても、たかが知れている。

しかし、同じ話を、「自分が避けることのできない相手」からされた場合には、ひどいストレスとなるだろう。

私たちがまずすべきことは、自分がそういった話し方をしていないか、よく確かめてみることだ。

自分が、「人から選ばれない」「友人や顧客が去っていった」「出世しない」「夫婦や家族で楽しめない」など、もし思い当たることがあれば、それらの原因はここにあるかもしれない。

私たちは、「人が口にすること」によって苦しめられているだけでなく、「自分が口にすること」によって、人を苦しめているかもしれないのだ。もし自分が人を苦しめていれば、それが成功しない原因だと疑っていいだろう。

もう一度——6つの返答パターン（例題2）

6つの返答パターンについて、よくわかってきたのではないだろうか。ここでもう一度、別の問題を取り上げて、各パターンの返答例を見てみよう。

あなたと知り合いが一緒に歩いていたとする。そして誰かとすれ違った。

そのときに知り合いが言ったのが、「こんな服装ですれ違っちゃったけど、大丈夫だったかな」という一言だ。

①の「解決案」らしいことを話すとしたら、どんなことがあるだろうか。
「今度会ったときに、自分からこのことに触れなければ大丈夫だよ」「今度からは上着を羽織っていないとね」というタイプのことになるだろう。

②の「無関心」はどうだろうか。これはあまり考える必要もなさそうだ。
「別に大丈夫でしょ」くらいの感じだろうか。

③の「私の話」は、どうだろうか。
「私もこの服さぁ……」「私、あの人の友だちと、この間すれ違ってぇ……」など、見事に自分の話がはじまるだろう。

④の「反論」は、あなたの周りで反論しそうな人を思い浮かべればわかるはずだ。

「そんなこと気にしてもしょうがないって」「すれ違ってから言っても遅いよ」など、言動を否定するようなことを言ってくるだろう。反論しているのに、笑っていることもある。

思いやりのつもりで「そんなの関係ないよ」と言う人もいるようだが、それが反論しているように聞こえるのもめずらしくない。

⑤の「解説」の人は、何の参考にもならない話が長々と続くはずだ。
「いや、今はボクたちのほうが暗いところから出てきたからさぁ、見えにくかったかもしれないし、あんまり見てなかったんじゃないかなぁ……」

知り合いが話をやめてほしいと思い、「ああ、そうだね、大丈夫だったと思う」と締めくくろうとすると、「まあ、でも見えてたとしても、あの人も急いでたし、それに……」と続いていく。


さあ、次が大事な、⑥の「相手の感情について話す」パターンだ。

何と言えばいいか、よく考えてみてほしい。「こんな服装ですれ違っちゃったけど、大丈夫だったかかな」と感じている人の気持ちに触れる一言を述べるのだ。

「ああ、心配になっちゃうよね」というのが模範回答の一例だ。このときにあなたは、他の細々したことに言及する必要はない。ただ、「心配になるね。焦《あせ》っちゃったね」と、気持ちを共有すればいい。それだけのことなのだ。

この、「相手の感情に触れる一言」を述べられるようになったとき、私たちはお互いを励まし合い、お互いに自信の持てる会話ができるようになる。

必ずしも、普段からお互いを褒め合うことで、認めていること、大事に思っていること、気にかけていることを確認しなくても、相手の感情に触れる一言を口にするよう気をつけるだけで、お互いの気持ちを前向きにすることができるのだ。

ここまで、会話における6つの返答パターンを見てきた。相手の感情について話す、⑥の「感情」のパターンを使いこなせることは、ライカビリティを高めるための重要なスキルだ。これができれば、ライカビリティは格段にアップする。

逆に、相手の感情について話すことができない人が、ライカビリティをアップさせようとしても、それはなかなか難しく、できるとしてもかなり遠回りすることになるだろう。

さて、次はさらに、6つの返答パターンに加えて、「ライカビリティを下げてしまう」話し方のパターンを4つ紹介したい。

相手の感情について話すことができるようになっても、これをしてしまったら台無しというものばかりだ。一つずつ考察していこう。

ライカビリティを下げる「話し方の4つのパターン」——Ⅰ「評価」してくる人

一般公開研修といって、業者が企業などから受講者を募《つの》って行なわれる研修がある。こうした研修では、必ずといっていいほど、研修終了後に受講者へのアンケートが実施される。さまざまな質問項目があるが、その中には当日の研修の満足度調査もあり、コメントの記載をお願いしている場合も多い。

もちろん、アンケートにはまともに答えない人もいるし、丁寧に書く人ばかりでもないが、この結果から、全体として評判がよかったかどうかが判断できる。「この講師の場合だと、大体いつもこんな結果」といったことも捉えられるのだ。

私自身も、自分の講義でのアンケート結果を見せてもらうことがあるが、コメント欄には、講師へのポジティブなメッセージが書かれていることもあるし、改善してほしいことが書かれることもある。

アンケートに書かれた内容は、終了後に担当者が「ご覧になりますか」と言って見せてくれるものだ。たいていの講師は、その場でさっと目を通す。

業者の担当者は、受講した人たちが「他に受けてみたいと思う研修」の項目など、業者として知りたい項目の回答以外は、おおよそ目を通すだけであり、特に講師のあら探しをするような見方はしないものである。中には、すばらしくよいコメントが書かれていることもあるが、それが若干名からのものであれば、「いいコメントがありましたね」と言うくらいで、あまり真に受けるものでもない。

とはいえ、たまには「ねぇ、松崎さん、ちょっとこれ、見てみて」という感じで、同じ会場で行なわれていた他の講師に対する、ネガティブなコメントがたくさん書かれたアンケート結果を見せてもらうこともあった。かなり厳しいことがたくさん書かれているようなケースだ。

アンケートには、講師を快《こころよ》く思わなかった場合には、必ずしも直接的にそのことが書かれるとは限らず、進行の仕方がよくないとか、話がわかりにくかったとか、技術的なことに対する不満として書かれることも多い。反対に、好感を持った講師についてであれば、普通はわざわざ書かないようなことでも、しっかり指摘されていたりするのだ。

実際に、こうした指摘を受けて、講師が改善を重ねた結果、パフォーマンスが向上した例や、心がけることが増えて、わるい評価が減った講師も見たことがある。だから、受講者たちの指摘には感謝すべきだろう。

しかし、私たちは、このように「売りたい側」が「買いたい側」に意見を求めているようなケースでもなければ、「基本的に、人は他人からの評価を求めていない」ことを覚えておくべきである。

ビジネスをしていると、他人から必要のない指摘を受けても、お礼を述べたりする慣行があるので、勘違いも生じやすいのかもしれないが、「改善できる点を見つけて指摘すること」が、よいことであるとか、あるいは感謝されるべきことと思っている人がいる。

さらに、それが度をすぎて、人や人の仕事ぶりを評価するのが癖になっているケースを見ることすらあるのだ。

評価や改善点の指摘は必ずしもありがたがられない

私が日本へ帰国して会社に勤めはじめた頃、ある自動車メーカーのグループの改善成果発表会を聴講したことがある。勤務していた会社が、何かの義理で聴講者を派遣せねばならず、入社したての社員が駆《か》り出されたわけだ。

そうした発表会を見るのははじめてだったが、改善の内容そのものよりも、それぞれの改善サークルにより周到に準備されたプレゼンテーションが、まるで演劇のように、長時間の準備と練習が必要とわかるもので、それが非常にムダなものに思えたのだが、さらにもっと驚いたのは、審査員たちのコメントが、発表やその内容について、改善できる点を数多く挙げていた点だ。

それまで長く暮らしていたアメリカで大切にされていた「よいところを伸ばして成長する」という考え方とは、まったく逆のことが目の前で行なわれていたのだ。

わるい点の指摘ほど簡単なものはない。発表したグループは、「改善できる点」としてたくさんの指摘を受け、それに対してお礼を述べていた。

全体として、これは茶番とわかってやっているという雰囲気はあったが、中には、そうした指摘を与えることが本当に優れたことと考えている人もいるようで、空恐ろしかった。

異様に感じたのは、他人のしていることを「評価」するのは、失礼なことだという感覚がないように見えたことだ。必要な指摘をするというのを通りすぎて、人がしたことを評価する、あるいは評価されるのが、ごく普通のこととみなされている様子には違和感を覚えた。

それから何年もして、経営コンサルタントになりたての頃に受講した一般公開研修がある。研修講師向けのトレーニングプログラムで、前述の改善成果発表会のときと同じ自動車メーカーグループの社員も参加していた。社内で研修を担当している人らしい。

数日間連続の研修で、みな仲よくなっていたのだが、受講者がそれぞれ発表をして、聴講者が感想を述べるという機会があったときに、その社員が、改善成果発表会で見たときと同じように、発表者に対して、非常にたくさんの指摘をしはじめた。

発表者のパフォーマンスは、わるいものではなく、むしろよい出来だったが、その社員は、まるでそうすることが親切であるかのように、あれもこれも指摘し、発表者のパフォーマンスを評価したのだ。

発表者は、あれだけいろいろと言われてしまっては、ただ困るだけだ。なぜ、それがわからないのだろうか。じつは、その後で私も、同じように数多くの指摘を受けたのだが、途中で自分がどうしろと言われているのか、わからなくなってしまった。

これは、その社員の悪気のない、ただの癖だとわかることではあったが、多くの人が「いったい何が言いたいのだろうか」と思っていたに違いない。

私が見てきた経験からいうと、何か本当に必要なことがあれば、本人のために一つ指摘してあげるのはよい。これは評価しているというよりも、注意なりアドバイスを与えていることになり得ると思う。

しかし、改善できることを複数挙げて、相手を評価するようなことをしても、ありがたがられることはない。よい点とわるい点などと話しても、相手はやる気をなくすだけだ。

もちろん、相手は自分に好感を持つことはない。大人であれば、表面的にはお礼を述べたりもするだろう。それでも、実際に感謝していることはないと覚えておくべきだ。

人は、「あなたの仕事ぶりが好きだ」とか、「作品を楽しんでいる」というふうに、褒めてもらったり、喜んでもらうのは歓迎する。

だが、仕事の技術が具体的にこのように優れているとか、以前よりも今回の作品はこうした点でよくなったという評価はしてもらいたがらない。たとえよいポイントを突いていても、だ。ましてや、よい点以外の評価など、まったく必要とされていない。何を言われても、失礼としか思われないだろう。

ジャーナリストの山路徹《やまじとおる》さんが、著書『口説きの技術』(角川書店、2011年)の中で、「人はやはり、自分や自分の仕事が認められれば嬉しくなるものです。そして、自分を認めてくれる人間の話にはよく耳を傾け、認めてくれない人間の話は聞こうとしません」と記されている。

私もまったく同じように感じる次第だ。ただ、私たちはここで勘違いして、認めようとするときに相手を「評価」してはいけない。これは注意したい点だ。認めるとは、「褒める」こと、あるいは「好きだと述べる」ことと考えよう。これを間違うと、せっかくの教訓も台無しになってしまうだろう。

仕事以外の例でいえば、たとえば、他人から自分の家を褒められたときはどうだろうか。「いい家ですね」「広くてきれいですね」と言われている分には嬉しいが、それに続いて「屋根に使っているあの材質は、10年くらいで色が落ちてくるかも。いいものを選ばれていますが、そこだけちょっとね」などと言われたら、一気に嫌な気分になってしまう。そんなことを言ってもらう必要はないと思うに違いないだろう。

Ⅱ「プロテクト」する人

アメリカで生活をしていた頃には、「そんなふうに自分をプロテクトして恥ずかしくないのか」と思うような言い訳や、言い逃れを聞くことが多かった。

あるとき、仕事で会計事務所がミスを繰り返していることがわかり、クレームの電話をしたところ、追って担当者の上司から電話があった。その上司は電話をスピーカーフォンにして話しているようで、こちらとしては、その態度を失礼と思い、「スピーカーフォンで話しているんですか」と聞いた。

すると、相手はガチャッと音を立てて受話器を取り上げて言った。“Now I am not.”（今は違います）。

私はこんなアメリカ人の態度には慣れっこになっていた。「もう今はそうしていないのだから、文句も言えないだろう」といった、非常に相手をばかにした態度なのだが、こんなことはしょっちゅうであった。

アメリカ人のビジネスパーソンは、日本人のビジネスパーソンと比べて、約束の期日を守らないことが多い。そして、間に合わないことがわかっても、事前に連絡してくることは少ないし、忘れていたことを思い出しても、正直に「すみません、うっかりしていました。今からすぐに対応します」と言ってくることも稀《まれ》だ。

日本人が完璧なわけではもちろんないが、多くの日本人は、アメリカ人のこうした感覚に戸惑う。そして、またその言い訳が大人気ないことに驚き、腹が立ってしまうのだ。

「書類がまだ届いていないんですが、どうなっていますか」

と聞けば、返答は決まっている。

「昨晩投函しました」

実際には、忘れていて、まだ投函などしていないのに、昨晩送ったと言えば、もうその場では責められないし、その日に投函すれば、一日遅れで着いてもごまかせると考えているのだ。実際には、昨晩の投函でも、約束の期日より遅れているのに。

こんな態度には、ともかく当惑する。謝ればいいではないか、なぜこんなふうに自分をプロテクトしたがるのだろうかと思うのだが、自分が働いていた会社の従業員も、お客さんに同じように言い訳しているので、呆《あき》れてしまう。

ここに書いた例は、アメリカで見てきた事実ではあるのだが、実際のところ、同じことは世界中のどこでも起こるだろう。私が学部の学生時代から20代の終わりにかけて、多くの社会経験をしはじめたときに、たまたま過ごしたところがアメリカだったので、アメリカでの出来事として、特に強烈な印象を持っているだけだろう。

客をがっかりさせるホテルのフロントの対応

アメリカを離れて、日本の会社からノルウェーへ出張したときに宿泊したホテルで、アメリカを思い出す懐かしい対応を受けたこともある。

チェックインした部屋で、インターネットが上手く接続できなかったので、フロントまで降りていって、「部屋のインターネットの接続が……」と言いはじめると、係りの人が話をさえぎって「ああ、それはここではわかりません。プロバイダーに連絡してください」と言い出したのだ。

客の説明を聞くことさえせず、「ここではその件について話すら聞きません」という態度だ。係りの人が、自分のホテルで提供しているインターネットのサービスについて、何も知らなさそうだな、ということはわかる。インターネットそのものについても、おそらく知識がなかったのだろう。

ただ、こんなふうに質問さえ拒絶する態度を取るものではない。これも自分をプロテクトするために取っている態度である。あまりにも未熟な対応だった。

それに私の用件は、「部屋のインターネットの接続がわるいので、ケーブルが他にあれば貸してほしい」ということだったのだ。

外国人の客を相手に、話も聞かずに、「地元のプロバイダーにコンタクトせよ」などと普通は言えないものだ。ホテルの設備に関して、宿泊客からプロバイダーに対して何を相談すればいいのだろうか。このときはホテルと従業員の本性があからさまになったような気がして、じつにがっかりしてしまった。

下手に自分をプロテクトしようとすると、本題と関係ないところで、人を嫌な気分にさせてしまうものだ。

私はこうしたことがあったときに、その場でクレームせずに、後でネットに書き込むような趣味を持った人間ではない。そのため、その場でマネジャーを呼び出して、きちんと質問をして、その場で解決をしてもらった。このようなことは引きずるに足りないことである。

それでもときには、同じホテルという場所で、ややこしくて、クレームすることすら面倒になるようなことも起きる。

不満を述べた途端にプロテクトがはじまるケース

次は日本での話だ。あるとき私は、新宿副都心の高層ビル街にあるホテルに予約の電話を入れた。イギリスからの顧客を宿泊させるためであった。

ネットで見て、サービスのプランを選んで申し入れたところ、申し込んだサービスプランでは、チェックインの際に、フロントでスイカ（果物）を出すサービスをしているという。

私は、今回はそのサービスは必要ありません、と断ろうとしたが、そう話す前に、こんな説明がはじまってしまった。

夏の間、スイカをお出しするというサービスをしていますが、外国人のお客様は、スイカを喜ばないことが多いので、代わりに、同じ料金でもっと高層階の（通常は料金の高い）お部屋をご利用いただき、「日本人の松崎様には、スイカをお出しするという形にさせていただきたい」と言うのだ。

イギリスからのゲストたちと私は、同じフロアに泊まる必要があったため、「申し訳ありませんが、部屋は何階になってもいいですから、同じフロアにしてください」と言うと、「それはできかねます」と言う。

私は少々馬鹿らしく思えてきたため、「外国人と日本人を別扱いにされるのでしたら、宿泊を取りやめます」と言ったところ、その先の話も聞かず、「少々お待ちください」と、突然電話を保留にされてしまった。

延々と保留にされた後、係りの人が言った。

「今回は特別に、松崎様にも高層階のお部屋をご利用いただけることにいたします」

私は宿泊を取りやめると言ったし、そうでなければ、もう少しきちんと対応できる人に電話を代わってほしかったのだが、ホテル側は、なぜこんな対応をしながら、「特別な配慮」をしたつもりでいるのかもわからなかった（口調からは、欧米人には特別に階の変更をするが、日本人にはそもそもそうする必要はない、とでもいうようなニュアンスが感じとれた）。また、そうして「特別な配慮」をされたはずの客（私）は、その対応に不満と不信感しか抱いていないのだから、皮肉なものである。なぜこんな事態が起きるのか。

それは電話に出た係りが、「客が不満を述べはじめると、途端に自分をプロテクトしはじめる」からなのだ。

本来であれば、係りの人は、客が「そのような扱いはおかしいのでは」という意味のことを言ったら、その後の話も聞かなければならない。要望をすべて叶えられるかどうかは別として（昨今はひどいクレーマーが多いというから、無理難題を言われるケースもあるのだろうが、そういうケースばかりではないだろう）、客がサービスの内容に対して不満を持ったことはきちんと聞いて、まずはそれに対して、お詫《わ》びの言葉を述べるのが先なのである。

にもかかわらず、客が何かを述べた瞬間に、苦情を言わせず、話も聞こうとせずに片付けようとするために、話がこじれてゆく。

これは日本人なら誰でも名前くらいは聞いたことがあるような有名ホテルで、私も10代の頃には、その隣のホテルでアルバイトをさせてもらっていたため、親しみを感じていたということもあり、この対応には少々困惑してしまった。

ホテルに限らず、よいサービスを提供したければ、「客の不満を聞くのも仕事のうち」という姿勢は必要なものだ。


先日はこんなケースもあった。ホームセンターのレジで、客が店の対応にぶち切れてしまっていた。

どうやらレジの女性従業員が、お釣りを渡すときに、客の手に触れるのが嫌で、小銭を投げるように渡したらしいのだ。

そのとき、まだ客は、自分で怒りを抑えようとしながらも、店舗のマネジャーを呼び出して苦情を伝えていた。レジの係りも謝って、話が収まりかけた頃、客が、「それにこんなに汚い硬貨をわざわざ渡すことないじゃないか」と言ったのだが、まだそれを言い終わらないタイミングで、マネジャーが、「それは機械で自動的に出てきてます」と言ったのだ。

そうして言葉をさえぎられ、不満を伝えるのが間違っているような態度を取られて、客はさらに我慢ができなくなり、とうとう切れてしまったようだった。

マネジャーは、レジで小銭が自動的に機械から出てくることなど、黙っていたほうがよかったのだ。あまりにいろいろと言われたので、できるだけプロテクトしたくなってしまったのだろう。

どちらが正しいかは、突き詰めればわからなくなる話かもしれないが、自分を守ろうとして相手の話を聞かない態度に出ると、どういう展開になるのかがよくわかる例であった。

前述の研修講師に関するアンケートの場合も、苦情をたくさん書かれた講師が、もしその場で自分をプロテクトするために正当化をはじめたら、仕事を失ってしまうことにつながるかもしれない。ともかく、起こったことについての不満や苦情には耳を貸し、必要であれば謝り、それ以降、自分なりに誠意のある対応をすれば、また仕事を振ってもらうことができるのである。

Ⅲ「ぼやいている」人

私がアメリカに滞在しはじめた80年代後半は、日本からの留学生が非常に多い頃だった。大学の学部や大学院に進学する人たちは、それほどたくさんいる感じでもなかったが、大学の設けている語学プログラムを受講するために短期留学する人たちは、じつに数多かった。

私も大学の学部に入る前には、そうしたプログラムを受講したが、あれだけたくさんの日本人がいてはアメリカで英語を勉強している意味がないように思えるほどで、多くの人がそれを何とかしたがっていた。

現地の人たちと交流して英語を学ぶには、ホームステイをするのが得策だ。大学の運営する寮に入ってしまうと、勉強する気などなく数カ月遊んでいるだけの日本人留学生たちと接することになりがちなのだ。

同じプログラムで同じクラスを受講していても、滞在先の環境は、こうした住居の違いなどによりだいぶ異なっていた。

私もホームステイをしていたが、クラスの前後には、誰かに日本語で話しかけられることもあった。「ここって日本人が多くて最低だよな」と日本語で話しかけてくる不思議な人たちもいるのだ。

「最悪だぜぇ……」と言って話し出したその人は、私より年上で、以前はサンフランシスコへ短期で留学した経験があり、そのときには、ホームステイした家庭の人たちも、通った学校も、いろいろと面倒を見てくれて最高だったが、今回のロサンゼルスは、日本人は多いし、ホームステイ先は面倒見がわるくて気に入っていないという。

ホームステイ先の家庭はチャイニーズのファミリーで、わるい人たちではないのだが、自分の部屋には家具が十分に揃っておらず、机に勉強用の照明はないし、キッチンでフライパンを使っていたら、自分用のものを自分で買ってきてくれと言われたとか、事細《ことこま》かにいろんな話をされた。

以前のサンフランシスコでは、休日はどこかへ連れていってくれたり、何かと親切だったが、今回は学校への送り迎えすらしてくれない。バスだと乗り継ぎがあるからたいへんだと話したら、自転車を買えと言われたなど、延々と気に入らない点を述べてくる。

こうした話が一度ならずあって、私はこの人が、今回は本当に残念な思いをしているのだろうと思っていた。

ホームステイについての彼の不満だが、私たちが「ホームステイ」というときには、「楽しみながら異文化交流をする」というイメージがあるのに対して、現地では、単純に「一軒家で間貸しをする」感覚で人を受け入れることがある。そのため彼は、サンフランシスコでホームステイをしたときのイメージで間借りをして、期待したような環境を得られなかったのだ。間貸しした人たちに悪気はないのだが、彼らはとんだ誤解を受けてしまっている。

彼は受講しているクラスについても、「人数が多すぎる」「テキストが簡単すぎる」「宿題をやってこない生徒が多すぎる」など、感心できないことがじつに多かったようだ。

私はこうした話を聞いて、確かにもっとよい語学留学の環境があるのだろうな、くらいに思っていたが、あるとき他の日本人学生が、その人を指して、「あいつ、いつも文句ばっかり言ってるヤツだろ」と言ったとき、ようやく私にも「ああ、そういうことなのか」とわかった。

この二度目の語学留学中の彼は、単純にいつも「ぼやいている」だけだったのだ。このタイプの人は、好感を持った人や物事を褒めることもあるため、わかりにくかったのかもしれない。

この人は、最後に話したときに、「せっかく自由な時間をつくって来た留学が、こんなふうで残念だ」と言っていた。本人は本当にそう思っていたのだろう。ただ、彼と接した多くの人たちも、あまり喜びは感じていなかったようだ。

ぼやき癖のある人の話の展開

「いつもぼやいている人」は、自分がそうした癖を持っているという意識はなく、むしろ日々直面することについて、優れた考察力を持っていると信じていて、話も一見まともに聞こえることがある。

そして聞いているほうも、目の前の人が、ただ不満を述べてぼやいているだけだと、気づかないことがあるのだ。

特に、ぼやいている人に親切にしてもらっていたり、お世話になっていることがあると、しばらく話に聞き入ってしまいやすい。

たとえば、ぼやき癖のある人が仕事をくれたような場合がそうだ。親切に便宜を図ってくれて、まとまった仕事を与えてくれた上で、こんな話がはじまる。

「いやぁ、今回は、前任者からの引き継ぎが急でしたので、手際がわるく、申し訳ありません」

ここまでなら、まるで普通の会話だ。それが、

「うちの会社はいつも、こんな感じなんですよね」となる。

人によっては、こうしたことは、笑いながらでも言わないほうがいいと心がけているものだが、とはいえ、これもまだ普通の会話の範疇《はんちゅう》だ。それが、ぼやき癖の人は、こんな話の展開になったりする。

「まだ今回は、この施設内で担当が代わっただけなのでいいほうなんです。これに転勤があ

ったりすると、ほんとたいへんなんですよ」

「前任者と顔を合わせることもなく、引き継ぎになることもあるんです」

「この業務を担当する期間も短いので、全部覚える前に引き継ぎってことさえあるし」

「全体的に大丈夫かと思うときもありますよ」

「こんな話になってすみませんが、ボクよりたいへんな思いをしている者も多いんです」

といった具合だ。

ネガティブな会話から人は遠ざかる

仕事をもらって、話が落ち着いたときの世間話なら、こんな話でもにこやかにつき合うのが普通だ。話が少しずつネガティブになってもあまり気にはしないだろう。

こうした人は、別に誰かを傷つけたいわけでもなく、特に何かを攻撃したいわけでもない。ただ常に話がこんな調子なのだ。

「自分たちにもう少し余裕の時間が与えられてもいいと思いますよ。誰でも同じ立場だとは思いますけど」

「会社は勤務先として条件はいいんですが、社宅が遠いんですよ。それが疲れる」

こんな話が、普段の会話になってくる。世の中のよくない点を指摘しているので、何か改善策を挙げたいのかなと思ったりするが、特にそれ以上、何があるわけでもなく、延々とぼやきが続くだけなのだ。

こんなとき周囲は、その人がただぼやいているだけだと気づくと、近くに寄りつかなくなるものだ。

ぼやいている人は、話し相手がいなくても何かをわるく言っている。一人のときにどうするかというと、実際に口にしているときもあるし、そうでなければ、声には出さずに頭の中でそんな思考をしている。

ツイッターやフェイスブックでも似たような調子だ。「この政治家は、学ばない人だなぁ。年はとっても、成長しない」「何よぉ～　テレビまたスポーツぅ?・」「アクセルとブレーキ踏み間違えの事故多い。何だかなぁ」。同じ人がこんな感じのツイートばかりを繰り返す。

それでも本人は、おそらくある程度は言葉を選んで、人が読んでもいいようなことだけを書いているつもりなのだろう。

これは、人が寄ってくる人たちが持つ癖でないことはわかるだろう。こんな話につき合うのはたいへんで、遠ざかれる人はそうするだろうが、いつもネガティブな思考になっている本人たちも、つらく感じることはあるのではないだろうか。

Ⅳ「会話が成り立たない」人

会話が成り立たない原因はいくつもあるが、ここでは「一方的に話す」人がいるために会話にならないケースを見ていきたい。

会話というのは、お互いが短く、交互に同じくらいの長さを話して成り立たせるものだ。どちらか一方だけではなく、双方が話し、互いに聞くことで、気持ちよく会話をするのが基本である。

ある夫婦が、いつも夫8割、妻2割くらいの割合で話しているとしよう。

この夫婦が、それぞれ基本はできる人たちで、普段他人とは5割対5割で話せるが、2人の間だと割合がこうなり、お互いにそれでハッピーということなら、周囲がどうこう言う問題ではない。

もし、基本ができない人たちであったとしても、夫8割、妻2割のバランスで、やはり本人たちがハッピーなら、これも夫を一方的と呼ぶ必要はないかもしれないし、たとえそうでも、問題ではないだろう。

　しかし、ここで焦点を当てるのは、妻が夫の話を一方的と感じ、不満を持っているような場合や、こうした特定の相手とではなく、不特定な人との会話でも基本を守ることができず、極端にたくさん話してしまう人についてだ。

「一方的に話す」相手との会話では、必要なことを伝えたり、聞き出したりするのにも、やたらと労力を要することも多い。そんな会話では、なかなか前向きな気持ちにはなりにくいものだ。

　もちろん、「一方的に話す」人が相手でも、一向に構わない場合もある。こちらが相手に何かを売りたいようなときだ。

　この場合は、相手がこちらの話を聞かずに自分の話ばかりしても、我慢ができる。話を聞いてあげることによって自分に親しみを持ってもらえば、商品やサービスを買ってもらいやすくなるのだから、一方的な話をされても、それを問題とは思わない。

　自分のことを話したくて仕方のない人は多い。「最近は忙しくて」と言いつつ、30分や1時間どころか、もっと長い時間、延々と話すビジネスパーソンもめずらしくない。それでも足りずに、夜、食事をしながら話すときもある。彼らがするのは、仕事とは関係のない話がほとんどだ。子どもの自慢話、単身赴任時代の生活の様子、好きな食べ物、物事についての自分の考え方、学生時代のサークル活動の話。何でもありだ。

営業をしているとわかるが、こうして自分のことを話しまくった挙げ句、何も買わない人は案外少ない。そのため、こんな形でも、心を開いてくれる相手はむしろありがたいのだ。

ただ、これは、「会話をして相手に好感を持った」ということとはまるで違う。相手が商売の対象ではなくなれば、もう話を聞きにいくことはなくなる仲だ。

中には、これが理解できず、営業の担当者でなくなってからも一緒に食事をしたがったり、ただ世間話をするためにコンタクトを取ってきたりする人もいるものだが、彼らは、なぜ相手が自分の話を熱心に聞いてくれていたのか、理解できていないのだろう。彼らはじつは、間接的にではあるがお金を払って、話を聞いてもらっていたにすぎないのだ。

一方的に話す人は、帰り際に「いやぁ、今日は○○さんと、いいお話ができました」と言うことがある。しかし、正確には「○○さんを相手に、自分のしたい話がたっぷりできた」と言うべきだろう。残念ながら、これは会話と呼ぶべきものではない。

割り込んで話す

しかし、同じ仕事ではあっても、営業先の相手ではなく、日々一緒に働かないといけない人が相手だと、なかなか割り切るのが難しいこともある。

以前、人の話に割り込んで「一方的に話す」後輩に困っているという人がいた。彼は後輩に、「(説明している) 途中で口を挟まないように」と指導するのだが、後輩のほうは、最後まで話を聞くことができないという。

彼が、「あのプログラムを売るときの見積もりだけどね」と話しはじめると、後輩は「あっ、あれですけど、割引きして売り込むことになってたじゃないですかぁ」と自分が話しはじめる。

そばで聞いていると、話は成り立っているように聞こえなくもないのだが、先輩はこれから用件を述べようとしているところであって、後輩が言及したことを話したいわけではないのだ。

この後輩が「……じゃないですかぁ」と勢いよく言うので、先輩が思わず「あ、うん」と言うと、後輩の話の続きがはじまってしまうのだ。

この後輩は一事が万事、こんな感じで、本当に話を前に進めにくい人だった。

たとえば、近くの蕎麦屋の定休日を知りたいと思って、

「あの道の向こうに蕎麦屋があるでしょ」と言うと、

「あ、あの蕎麦屋ね。○○さんが好きな店ですよね。△△さんも気に入ってるんですよね。毎週、あれっ、毎週1回以上か、行くって言ってたなぁ」と話しはじめてしまう。

特に「私の話」ばかりが出てくるわけでも、「反論」してくるわけでもなく、嫌な話を聞かされることもないが、相手をよい気分にさせる話し方ではない。この人の場合は、思いつくまま異常な勢いで「解説」をしているようだ。

「上手な人」が「下手な人」に合わせるストレス

私の通っているジムのサウナにも、似たタイプの人がいる。その人の話し相手になってしまった人は、汗をかきながら、すごいストレスをためているのだ。

会話はこんな感じだ。一方的な人をA、ストレスがたまる人をBとしよう。

A「市から会社に仕事の依頼あるんでしょ。すごいじゃない。あれ何で受けないの」

B「あの件ね、たいへんかと思って……」(と、話しはじめると)

A「あの、それね、確かにあの仕事はね」(と、すぐに言葉をかぶせて長い解説がはじまる)

B（長い話を聞いて）「この間もじつはね……」（と、話しはじめる）
A（「うんうん」、「はいはい」と聞いているような相づちを打ち、Bのわずかな話が一段落しそうになると）「あとね……」「それにね……」（と、それに関連して自分が思いつくことを話し続ける）

Aは話を振っておいて、Bの話をさえぎり、結局はほとんど、自分が話しているのだ。Bは他に理由をつけて、サウナから出ていってしまえばいいのだが、しっかり汗をかきたいので、話がうっとうしくても我慢しているのだ。それでAの相手をせねばならず、とてもかわいそうだ。

話というのは、会話の基本（お互いが短く、交互に同じくらいの長さを話して成り立たせること）ができていないと、「上手なほう」が「下手なほう」に合わせなくてはならなくなる。「下手なほう」が「上手なほう」に合わせることには無理があるからだ。

そのため、基本を押さえた人が複数人いる場でも、一人の「一方的に話す」人がいるだけで、その場の会話のレベルが一気に下がってしまうこともある。

先日もあるところで、ゲストスピーカーを呼んで講義をしてもらい、その後、そのゲストを含めた関係者たちと一緒に昼食をする機会があった。

ゲストスピーカーは、名前のある外資系企業の役職者だったが、講義をして興奮しているのか、周囲が社交辞令的に褒めるのを真に受けてしまったのか、名刺交換をしながらみながあいさつをしているときにも、自分と自分のレクチャーの内容ばかりを一方的に話していた。

昼食の会場へ歩いていくときにも、見事に自分のことだけを話し続け、初対面の人に何の気遣いをすることもなく、昼食の間もそうした態度が続いた。

本来であれば、レクチャーの後に関係者が集まれば、そこは社交の場であるから、きちんと会話をしなくてはならない。つまり、自分のことを一方的に話すなど、してはいけないことなのだ。

初対面の人に、「お仕事はどんなことをされているのですか」とか、「普段はどんな講義を受け持っていらっしゃるんですか」と聞いたりするというのが、こうした場で口にすべきことだ。

しかも、関係者の中には、そのゲストよりも重要な社会的ポストに就いている人が複数いたのだが、そうしたことにも注意が払えないようであった。

この人は、サウナの中のAのような調子で、解散するときまで話し続けてしまった。初対面の人たちと1時間近くの時間を過ごしても、その人たちがどういう人たちなのか、まるで知らないままだっただろう。

途中で「会話をするのは無理だ」と悟った関係者たちが、口を挟まなくなると、ゲストは、みなが自分の話に聞き入っていると勘違いし、なぜか、自分の会社でクライアントのために作成した報告書のデータを紛失したときのことをずっと解説していた。

「『えっ、マジでデータ消しちゃったの？』ってなって」「それじゃあ、もうその方法しかないから、全員でやろうって決めたんです」と、こんな口調でだ。

この人も、ここできちんと人と会話ができていれば、特に上手くもなかった講義もまあ、大目に見てもらえて、引き続き何らかの仕事のオファーがもらえたかもしれないのに、と思うと、もったいない話であった。


さて、ここまでで、ライカビリティに影響を及ぼす「6つの返答パターン」と「話し方の4つのパターン」を見てきた。最後にもう一つ加えて考察するとすれば、「あいさつと返事」の仕方だろう。

「あいさつと返事」

あいさつができない人が多いという話は、あえてここでする必要はないほど、よくされる話だ。

私の感覚では、あいさつをしない人が多いのは日本だけではないと思うが、そのことが異常と考えられていない様は、世界でもめずらしいほうだと思う。

私がクラスを受け持っている大学院には、社会人の院生も多く、休日にクラスがあるときなどに、彼らが子どもを連れてきていることがある。学生であるその親たちとは顔見知りなので、当然あいさつを交わすのだが、そのときに、一緒にいる子どもに「こんにちは」と言っても、きちんとあいさつを返せる子はほとんどいない。まったく返事をしない子も多いが、何よりも驚くのは、親がそのことについて何も言わないことだ。

あいさつをするようにしつけられている様子が、あまり感じられないのだ。小学生にでもなれば、人にあいさつくらいはして当たり前ではないかと思うが、そんな自分の感覚がおかしく思えてしまうほどである。そのため最近では、普通にあいさつをする子が、それだけで優秀に見えてしまう。

たとえば、アメリカの同じような階級で同じことがあれば、もう少しはっきりと「あいさつのできない子」と「しつけのできない親」であると見なされ、それはよくないことであるという社会からのプレッシャーを感じると思うが、日本の彼らには、まるでそんな感覚はないようだ。

もともと日本の大学というところには、お互いに声をかけ合って、コミュニケーションを取るという雰囲気そのものが少ないようではあるが、それにしても、見ていて異常に感じることは多い。

たとえば、１００人くらいを収容できる教室での授業で、学生が20人くらいしかいないとしよう。こんなときに、教室に入ってきた学生が、ガラガラの教室の後ろのほうにポツンと座ることがあり、それがめずらしい光景ではない。

日本以外の多くの国だと、そんな位置に一人で座っていたり、教室の前のほうの席を空けた状態にしておくのは不自然なことであり、教員に対しても失礼なことだ、というコンセンサスがあるものだ。そのため、人が少ないと気づけば、前に移動するのが当然で、学生たちで声をかけ合って、そうするものだ。

しかし、これが日本だと、みなが押し黙って、そんな状態で座ったままでいる。なぜそうなるのかというと、特別な理由があるわけではない。彼らは、クラスルームにいる他の学生たちとコミュニケーションを取って、「こうしよう」と動くことができないだけなのだ。

私は、こうしたことは、あいさつができないことの延長線上にあると思っている。教室の後ろのほうに座っている学生は、親の横にいながらあいさつをしない子どもとまったく同じ表情をしていると感じている。

会社説明会で見た異様な光景

アメリカで大学の学部を卒業する前になって、日本での就職を考えたこともあり、帰国して会社説明会などへ行ったことがあった。

ある会社では、大きなロビーが集合場所だったのだが、たくさんの学生が集まっているところに、会社の係りの人が来て、「説明会へ参加の方々は、こちらのエレベータから上の階に上がってください」と言った。

そのときには、200人くらいの学生がいたはずだが、私は正直、気持ちがわるくなってしまった。なぜなら、その場で誰も返事をせず、さっと移動しようともせず、全員が他の人たちの様子をうかがっているのだ。

私は、係りの人がそう言っているので、その人がいるエレベータに近づいて行って、「こちらですよね」と聞き、「そうです。どうぞ」と言ってもらって、早速エレベータに乗り込んだのだが、そうした様子を見てようやく、押し黙った団体がのっそりと動き出したのだ。そのうち、エレベータは満員になったが、そのときにも誰も何も口にしない。「満員ですから先に行きます」とか、「先に行ってください」という会話があるのが普通だと思うが、そんな言葉さえかけ合っていないのだ。

カリフォルニアのように、明るくコミュニケーションを取りつつ生活や仕事をするのが当たり前のところから、急にこんな暗い人たちの中に入れば、誰でも異常に感じるはずだ。

タレントで実業家のケント・ギルバートさんが、かつて、著書『わが子を国際人にする方法』(近代文芸社、1997年)の中で、PRO-ACTIVEという概念について述べていた。「最近、アメリカでPRO-ACTIVEという言葉が流行っている。反対語がRE-ACTIVE＝反応なのだけれど、つまり、周りの刺激に対して反応するのではなくて、自分が周りに対して影響を及ぼす存在であるということ。単に周りに対して反応するだけではないから主体性があり状況を自分でコントロールできる」と記されている。

あいさつのできない子どもも、声をかけ合わない学生も、はっきりとRE-ACTIVEなのだ。そしてこのRE-ACTIVEさの加減が、ひどすぎると感じている人は、私だけではない。

あいさつの延長にある「PRO-ACTIVE」

私は企業から、新入社員などの研修を請け負っているが、研修のプログラムで必要なこととして、私からも勧め、企業からも依頼を受けるのが、「新入社員のRE-ACTIVEさ」を「PRO-ACTIVE」に変える訓練だ。

あいさつや返事はもちろんだが、その延長として、必要な訓練がある。

たとえば、部屋に50人の新入社員がいるとする。講師として前にいる私が、目の前に座っている新入社員に紙を100枚渡して、「これを全員に2枚ずつ配って」と言ったとしよう。

このとき事前に説明はしないが、紙を受け取った社員には、「はい、承知しました」と返事をして、さっと立ち上がってもらい、他の人にも助けてもらうなど工夫をして、PRO-ACTIVEにすばやく配布を終えてもらいたいのだ。

しかし、これが実際にはどうなりがちかといえば、社員は「えっ」と小声で言ったかと思うと、紙を手にして、無言のまま後ろを向いたり、横を向いたり、誰かが何か指示をしてくれないかという表情で、そのまま動かずにいる。

「君が配りなさい」と言っても、まだ、どう全体に配布したらいいのかがわからないという表情で黙ったまま、他の人に手伝いを頼むわけでもなく、PRO-ACTIVEな人に促されるまで待っているのだ。誰も何も言わないと、のっそりと立ち上がって、一人で紙を配りはじめる。何分経っても、紙の配布は終わらない。

もちろん全員がこうであるわけではないが、上場企業であってもこの程度であることが多いのだ。

そこで講師はまず、「声を出してコミュニケーションを取らなくてはいけない」ということを伝え、さまざまな演習でその練習をする。グループでリーダーを決めて演習したり、いろいろなスタイルがあるが、繰り返し何日も行なっていると、全体としてかなりよくなってくるものだ。

あいさつや返事というのは、こうした中でも学んでいくもので、たとえば「配りなさい」と言われて、「は〜い」と返事をする人が稀にいるが、そんな場合には、きちんと指導して直させる。また、配布が終わったときに、「終了しました」と伝えに来るのもあいさつのうちで、そうしたことを自主的にできるようにすることや、その際の態度をきちんとさせることについても、企業は「しつけてほしい」と要望してくるのだ。

こういう私も別に自分が完璧なわけではない。実をいうと、私は声が小さいという指摘を受けることがよくあった。考えてみると、これは10代の終わり頃から、30代後半まで続いたわるい癖で、その頃は、指摘を受けても正直なところ、あまりピンとこなかったし、それがもたらすわるい影響についても考えることがなかった。

声の大きさについて、意識して自分でも改善に努めはじめたのは、人前で講義などをすることが増えてからだ。自分の声が小さいと、それが受講者にとっていかに苦痛かがわかるようになったし、自分が受講者から質問を受けたときにも、相手の声が小さいと、その人が途端に頼りない人に見えてしまうことがよくあったからだ。

当たり前のようだが、返事についても、しっかりすることが大事だ。返事というのは、相手の問いかけよりも大きな声でしなくてはいけない。よい印象を与えようと思えば、特にそうする必要がある。

「今日は朝早くてたいへんでしたね」と言われたときに、小声で「ええ」という場合と、相手よりも大きな声で「はい。でも大丈夫です」と答えるのでは、相手に与える好感度はまるで違う。

あいさつができないことも、上手に返事ができないことも、礼儀や常識に欠けることは言うまでもないが、ライカビリティの原則から見ても、相手を認めて、大事に思い、気にかけていることが表現できていないということになる。人を前向きな気持ちにすることができていないのであるから、自分を選んでもらったり、有利に扱ってもらうのは難しくなって当然なのである。

【まとめ　ライカビリティを高める話し方の原則】

「6つの返答パターン」——①解決案 ②無関心 ③私の話 ④反論 ⑤解説 ⑥感情

「話し方の4つのパターン」——（Ⅰ）評価してくる人（Ⅱ）プロテクトする人（Ⅲ）ぼやいている人（Ⅳ）会話が成り立たない人

「あいさつと返事」

総合的な練習問題（1）

さて、「6つの返答パターン」「話し方の4つのパターン」に加え、「あいさつと返事」について考察してきた。

ここで、これらのパターンによる返答と話し方の例を、あらためて考察し、復習してみたい。自分自身は、どんなことを口にしがちか、また自分の周囲の人はどんなことを口にしているか、考えながら見ていこう。

1つ目は、誰かが、「お刺身って、おいしいですよね」といった場合だ。どう答えたらいいだろうか。まずは自分で考えてみてほしい。考えたところで、次を読んでみよう。

6つの返答パターンで、順に考える。

まず、①の「解決案」を述べたがる人は、たとえば「お刺身のおいしい店があるから、食べに行くといいよ」「安くていい店を知っています」などと言うだろう。

②の「無関心」な人については、例を挙げるまでもないだろう。「ああ、そう」「好きなんだぁ」と言うくらいだ。

③の「私の話」をする人は、「私さぁ」と言った後に、話がどういう展開になるかはわか

らないが、「お刺身って、おいしいですよね」と言った人の気持ちとは関係のない「私の話」をはじめるはずだ。「私さぁ、来週、魚料理で有名な店で同窓会があるの」「私の知り合いにもお魚好きな人がいてね」という話がはじまる。

④の「反論」してくる人が相手であれば、「そうかなぁ」というセリフに続けて、お刺身よりも焼いたほうが上手い魚もあると言ってくるだろう。

⑤の「解説」の人は、刺身の種類や、太平洋側と日本海側での違い、こんな刺身にはこんな酒といったことなど、知っていることを順に話した後に、それでも結局は好みの問題だよねという、当たり前すぎる話をするかもしれない。

私たちは、⑥の「相手の感情について話す」パターンで、お互いが前向きになれるようにしたいと思っている。さあ、どんな一言が思い浮かぶだろうか。

もちろん「ああ、そうだよね。オレも……」などと話をはじめてはいけない。同意して、同じ意見を話せばいいと勘違いする人が多いが、私たちが探しているのは、「お刺身って、おいしいですよね」と述べた「相手の気持ち」を表す言葉だ。

「おいしいのを食べていそうですね」

「食事を楽しんでいるんですね」

こんなところだろうか。もちろん「ああ、そうだよね」と同意するのがわるいわけではない。その場合には、その後に続く言葉を変えてみよう。

「ああ、そうだね。お刺身を食べると、満たされる感じがするよね」

といったことが言えたら、合格だ。

このような、相手の感情に触れる一言を言うことに慣れてくると、「私の話」や「反論」、「解説」をするなんて、おろかなことだと思えてくるのではないだろうか。

それでは次に、話し方の4つのパターンで見てみよう。

Iの「評価」してくる人なら、どんなことを言うだろうか。

「お刺身って、おいしいですよね」に対して、「お刺身も季節によるよね」と言ってみたり、「君は刺身が好きだよね。煮魚とか焼き魚とか、一通り食べるのもいいけどね」と言ったり、つまらない話がはじまることもあるだろう。

こんな人は、何かを知っているわけではなく、ただ「相手の感情について触れる一言」が気持ちよく言えないだけなのだ。

「お刺身って、おいしいですよね」と言われたときに、それに対して自分を「プロテクト」

する人（Ⅱ）がいるかどうかと思うかもしれないが、「いやっ、あんまり私、よく知らないです」と、自分の詳しくないことが話題になるのが嫌で、話題を変えようとする人はいる。これは自分をプロテクトするためにしているとも言える。

Ⅲの「ぼやいている」人は、信じられないかもしれないが、「お刺身って、おいしいですよね」という一言を受けても見事にぼやいてしまう。

「刺身っていえば、この間行った居酒屋で、注文したのが凍ったまま出てきてさぁ」からはじまり、「醤油《しょうゆ》にまで凝《こ》っている店で食べていると、普通の店の醤油はまずく感じる」という話になり、「あの店のツマは使い回しかもしれない」というところまでいくかもしれない。

中には、こうした一連のぼやきを明るいモードで話す人もいる。おもしろく話せる人ならある程度まではいいだろう。しかし、まともに嫌なモードだったり、そのぼやきが、「私の話」や「反論」と合併しているようなときは、聞くのはさらにつらくなってしまう。

一方的に話して「会話が成り立たない」人（Ⅳ）は、もちろん、「お刺身がおいしい」と言った人の気持ちについて話すという意識は持ち合わせておらず、刺身をテーマに話し続ける気もないので、「お刺身って、おいしいですよね」の後に、「オレ、ステーキハウスでいい店知っててさぁ」と言い出しても、まったくおかしくない。

そう言い出す前に、「あっ、ちょっと刺身から離れて申し訳ないけど」とか、「同じ食べ物の話だけど」と前置きをするかもしれないが、していることに違いはない。

「あいさつと返事」のできない人は、「お刺身って、おいしいですよね」という一言を、きちんと受けられないだろう。きちんと受け答えできないので、「はぁ、いやー」と言ったり、「あ、はあ」という頼りない返事しかできない。

場合によっては、こちらがそんな話題を振ったことがわるかったかと思えるような答えしかできない。受け答えできることの範囲がとても狭い感じだ。

総合的な練習問題（2）

次は、今の問題とは別のタイプの問題を見てみよう。今度は、誰かが「お刺身って、おいしいですよね」というふうに、自分の感じたことを口にしているケースではなく、何かをたずねてきた場合の例を考察してみたい。

「食べ物はどんなものが好きですか」という問いは、どうだろう。誰かからこう聞かれたときに、どのように返答すると、ライカビリティを上げたり下げたりすることになるのか。

まずは自分なりの答えを考えてみてほしい。

その上で、「6つの返答パターン」「話し方の4つのパターン」「あいさつと返事」を用いて考察してみよう。

返答として該当しないものは、飛ばしていくことにしたい。このような問いかけに、①の「解決案」を述べることはないであろうから、②の無関心を見てみよう。

「無関心」の場合は、その質問に答えること自体に関心がない場合と、食に対して特別な関心を持っていない場合があるが、いずれの場合も、適当に受け流した答えになるだけだ。

③の「私の話」では、自分や自分の知り合いを主語にして、何らかの話がはじまるだろう。極端に「私」っぽくない話でも、「えっ、好きなっていうか、中華とか何でも。ああでも、最近はあまり食べてないなぁ」といった話し方も、自分のことを語る「私の話」だ。

④の「反論」は、いくつかのパターンが考えられるが、「別にこれといって、最近は特にこだわりはないですね」というのも、ネガティブで、たずねた人には反論に聞こえるものだ。

⑤の「解説」の人は、任せておけば、好きな食べ物、健康食、ダイエット、それに関連して最近読んだ本、観たテレビ番組などについて語りはじめるだろう。

さあ、⑥の「相手の感情について話す」パターンだが、どんな答えが、たずねた相手の気持ちを前向きにするのだろうか。「食べ物はどんなものが好きですか」と聞いた人の、感情を満たす返答だ。

私が最近、最もすばらしい返答だと感じたのは、この問いかけに、ただ「ハンバーグです」と答えた女性がいたときだ。

私は別にその人をテストしたわけではない。たまたま一緒に食事をしている際に、何気なくたずねたら、こう答えたのだ。まったくかざることもなく、ポンッとそのまま答えを返したところが新鮮であった。

こちらが「つまらない質問をしたかも」と思うような回答でもなく、自分の好きなものについて答えてはいるが「私の話」ではなく、余計な解説などもない、きちんとした答えで、大げさに聞こえるかもしれないが、私はこの答えにより「自分がきちんと取り合ってもらっている」という満たされた感触を得ることができた。

あまりにもはっきりとしたよい返事に、私は思わず聞き返してしまった。「えっ、ハンバーグ?」すると、その人は言った。「はい、ハンバーグ。好きなんです。エヘヘ」

まあ、女性であったということもあるが、このような返事だと、相手は気持ちを満たして、もっと会話を続けたいと思わずにいられないだろう。

話し方の４つのパターンでも見てみよう。「食べ物はどんなものが好きですか」という質問に対して、「評価」（Ⅰ）や「プロテクト」（Ⅱ）する人はいないと思うので飛ばすが、Ⅲの「ぼやいている」人は、それに関連したどんなことでもぼやいてみせるだろう。懐石料理が好きだが、この辺りはいい店が少ない。予約の電話をしたら愛想がなかったなど、この人にはいつも、たいへんにやっかいなことが起きているのだ。

Ⅳの、一方的に話して「会話が成り立たない」人は、話がどこへ行くのかわからないのだが、「食べ物はどんなものが好きですか」と聞いた人と、同じくらいの量を順番に話すようないい会話をして、相手の気持ちを満たすことはないだろう。

「あいさつと返事」をできない人は、残念なことに、やはりきちんと受け答えができない。「いやぁ……、えっと、何って言われても……」というような、話題を振ったほうがわるかったかなと思ってしまうような返答や、「はぁ、あまり思いつかないけど、魚とかかなぁ……」「前にも誰かに同じこと聞かれたんですけど、何かなぁ……」といった、頼りない答えになってしまいがちだ。

これに否定が混じる話し方になると、「いや、おいしくつくってあれば何でも」といった話し方をする。

なぜ「いや」とか「いやぁ」などをつけるのかはわからないのだが、口癖なのだろう。

「おいしくつくってあれば何でも」とは、言ってしまいがちかもしれない答えだが、じつは聞いたほうからするとおもしろくない答えである。このような答え方は、本当に返答に困ったときにしか、してはいけないと思ったほうがいい。いずれの場合も、たずねた人が、話してよかったと気持ちを満たすような返答ができていないことがわかるだろう。

総合的な練習問題(3)

次は、ある一つの会話を考察してみよう。今度は、返答と話し方のすべてのパターンを順に見ていくのではなく、この会話に登場する返答や話し方(あるいは話の内容)が、どのパターンに該当するのかを考えてみる。

これは、ある私の知り合いの会社の執行役員と、通訳の会社に勤務する女性が交わしていた会話だ。

執行役員が通訳の女性に対し、「○○さんは、こういうお仕事をされてご立派ですね」と言った。「こういう仕事」というのは、英語を使った仕事とか、国際的な仕事という意味で言っており、特に深い意味のない、社交辞令であった。

このように声をかけられた場合の、模範的な返答を思いつくだろうか。執行役員の一言は、ただのあいさつ程度のものであるが、それを受けて、相手の感情を満たして、気持ちを前向きにする返答だ。

特別に執行役員を感心させたり、喜ばせたりする必要はない。ただ、会話をして気持ちがいいと思ってもらうことが肝心だ。その逆の感情を抱かせるようなことのないよう、気をつけないといけない。

模範的な返答は、たとえば「ありがとうございます。そうおっしゃっていただいて嬉しいです」といったところだ。もっと謙遜したければ、「いえ、そんなことはありませんが」と述べてから、同じセリフを言えばいい。

だが、通訳の女性は、こんなふうに話し出したのだ。

「昔はぜんぜんこういう気がなくて、お嫁に行きたーい、なんて思ってたんですけど」

こんな話がはじまったので、執行役員が驚いているのがわかった。この女性はなぜ、こんなことを話しはじめるのだろうか。確かにこの女性は40代で独身だったが、そんな話は誰も聞いていないのだ。

「でも、若い頃にキャリアを積みながら、日本にいながら英語に磨きをかけて、会社の経営にかかわるのがおもしろくて……」

執行役員が口にしたことに対して、「私の話」が出てきたかと思えば、「解説」もはじまってしまった。もちろん、この人は一方的で、「会話が成り立たない人」であることもはっきりしてしまっている。

しかも、お嫁に行くという、誰も話題にしていなかったことを取り上げて、それをまたネガティブなニュアンスで話してしまっている。

さらに、この女性は、海外で生活した経験がないにもかかわらず英語をマスターし、通訳をしているという触れ込みだったのだが、ここであらためて、海外経験の豊富な人たちを前にして、「海外に行かずに英語を覚えたこと」をより優れたこととして強調したかったようだ。

通訳女性はおそらく、自分が独身であることについて持っているコンプレックスと、目の前の人たちが海外業務に深くたずさわってきたが自分にはその経験がないというコンプレックスを、このように話すことで、「プロテクト」しようとしているのだ。

そんなことを感じ取ると、誰も話の相手をしたがるものではない。執行役員も、話を続ける気はなくなったようで、明らかに早く打ち切りたそうだ。

しかし通訳女性は、これまで仕事でかかわった有名企業の名前を挙げたり、自分が通訳会社の経営層に属していることを強調したりと、話が終わらない。

おそらく実際には、それらの有名企業の仕事を直接に受けたことはなく、大手の通訳会社の下請けで仕事をしたことがある程度であろう。経営というのも、じつは役職名をそれっぽくしているだけで、実際にはそれほどかかわっていないのだが、これまた本人が引け目と感じていることのため、そう話すことで「プロテクト」しているにすぎない。

この他にも犯してしまった間違いとして、その場にいて話が聞こえていた人たちは、通訳女性の感覚でいうところの「お嫁さん」をもらっている人がほとんどであったし、執行役員を含めて全員が、会社の経営にはたずさわっていなかった。通訳女性は、自分をプロテクトするための語りの中で、聞き手についてまで、ネガティブなニュアンスで語ってしまっていたことになる。

しかもその人たちの多くは、この女性よりも高いレベルで外国語を使える人ばかりで、彼女の通訳の技術のレベルの低さについては、これまで見て見ない振りをしていてあげたところもあったのだ。

執行役員と周囲にいた人たちの気持ちは、通訳の女性の思惑とは逆の方向へ行ってしまった。通訳女性はそんな話はせず、むしろ相手の話を聞いて「今日はお話をおうかがいできて嬉しかったです」とでも話していればよかったのだが、そうした会話はできないようだった。彼女は結局その後、条件のわるい仕事を急ぎで引き受けさせられた後は、会社に顔を出しても受注はほとんどできなくなっていったようだ。

ここまで、「6つの返答パターン」「話し方の4つのパターン」「あいさつと返事」について考察し、3つの練習問題を見てきた。追って第3章「ライカビリティで解決できる日常的問題」で、さらに具体的な例を見るが、本章ではこのくらいで、要点を押さえられたのではないかと思う。

人の気持ちを前向きにすることにも、その逆にすることにも、「6つの返答パターン」「話し方の4つのパターン」「あいさつと返事」が非常に大きく影響している。

この法則は、意外にシンプルだと感じるのではないだろうか。

他にも「口にすること」でライカビリティの高低に影響する事柄はあるのだが、まずはここまで見てきたことを基本として押さえることが特に肝心だ。

私たちは、この法則を理解して上手な返答や話し方ができるようになれば、人を前向きな気持ちにしやすくなり、それは自分を選んでもらえることにつながる。

それは恋愛でも同じである。……ということで次に、おまけとして、恋愛関係における返答や話し方の練習問題をいくつか紹介してみよう。

総合的な練習問題（４）——恋愛編

以前、ある月刊誌の男女の恋愛関係に関する特集記事（ＫＫベストセラーズ『ＣＩＲＣＵＳ』２０１１年12月号、「見た目はイマイチでもなぜ好かれる？ なぜかモテる男の正体」Ｐ75〜81）で、ライカビリティとモテる男の関係について取材を受けたことがある。その際に、記事の中で、ライカビリティの「６つの返答パターン」を使って、女性が述べた一言に返答する回答例を挙げた。

恋愛関係でも使ってもらうために、そのいくつかをここで紹介しよう。次のⓐ〜ⓓは、ライターの方から女性のセリフをいただき、それに私が回答例を記載したものである。

これらが唯一の答えではないし、もっとよい回答を思いつく人もいるかもしれないが、参考にご覧いただければと思う。

「ライカビリティを高める会話レッスン」


ⓐ女性「うちの会社の上司ったら、お気に入りの新人の子ばかりひいきして、ムカつく!」

(解決案)みんながそう思ってるって、それとなく伝えてみれば?

(無関心)ああ、そうなの。

(私の話)そういうことって、どこにでもあるよ。ボクの事務所の子たちはさぁ……。

(反論)そんなこと気にしてるの? 細かいことにこだわりすぎじゃない?

(解説)でも、ひいきしてるように見えるだけってこともあるよ。よくあるのはさぁ……。

(感情)いい気持ちしないよね、そういうのって。


ⓑ女性「このお笑い芸人、おもしろくて好きなの」

(無関心)有名なんだぁ、この人。

(私の話)オレ、結構、映画に出るようなコメディアンが好きなんだよね。

（反論）この人がおもしろいの？　こういう芸風が？

（解説）この人、デビューして大阪で頑張ってた頃と、全国的な人気が出てからだと、笑わせ方が、まるで違うんだよね。昔がよかったっていう人が多いよ。

（感情）ハハハ、楽しくなるよね。


ⓒ女性「買ったばかりのワイングラスを落として割っちゃった。すごく残念……」

（解決案）今度は気をつけて持たないとね。

（無関心）そうなんだぁ。

（私の話）オレの知り合い、この間、ワイングラスで手を切っちゃって。すごい痛いんだって、それが。

（反論）まあ、しょうがないんじゃない。

（解説）ワイングラスは、指に引っかけるって意識すると、落としにくい気がするんだよね。知り合いのフランス人の持ち方を見てるとさぁ……。

（感情）ああ、それは……心も割れる感じだよね。

ⓓ女性「久々にカラオケに行ったら、ストレス解消になってスッキリしたよ」

（無関心）へぇ、たまに行くんだ。

（私の話）ボクの友達、登山とかするんだよね。すごいストレス解消っていうか、熱中できるんだって。

（反論）カラオケでストレス解消できる？

（解説）カラオケって、飲まないで、ただ歌いに行くほうが、ストレス解消になるんだって、知ってた？

（感情）おっ、気分がよくなるよね。

＊ⓑとⓓの解決案はなし。一部にはあらたに修正を加えた。

「ライカビリティを高める話し方の原則」を身につけるために

ここまで見てきた、ライカビリティを高める話し方の原則――「6つの返答パターン」「話し方の4つのパターン」「あいさつと返事」は、十分に理解しやすいのではないだろうか。

人に好感を持ってもらったり、前向きな気持ちにさせたりすることに、複雑な原則が存在しているわけではない。その逆の感情を抱かせるときも、同じである。

これからは、周りで交わされている会話に聞き耳を立てて、人がどんなパターンのことを口にしているか、分析してみてほしい。

慣れてくると、会社の同僚たちの話を聞いても、電車の中で他人の話を聞いても、誰がどのパターンで話しているか、わかるようになってくる。何度も会う人であれば、その人がいつも口にしがちなパターンもわかるだろう。

もちろん自分が話すときは、相手の感情について話すことを実践してみよう。本当に解決案を伝える必要があるときを例外として、相手の感情以外のことは話さないと決めてほしい。「私の話」などは、もちろんしてはいけない。つまり、次に誰かに会ったときに「オレ、今日さぁ」などとは話さないようにする。

主語はいつでも「あなた（相手）」にすることだ。自分から話しかけるのなら、相手のことを聞いてみよう。「今日はどうでしたか」と話しかけるのだ。

相手の話を聞いてから、自分の話をするのではない。「私の話」などは、雑誌のインタビューを受けたときにしか話さないと決めよう。つまり、そんな機会はないとあきらめてほしい。どうしても話したくなったら、自分の部屋で独り言でも言うことである。

「反論」「解説」「評価」など、もってのほかだ。相手の話の途中で自分をプロテクトしたくなっても、やめておく。自分にありもしない借金があると噂《うわさ》になっている、なんていう話を聞いたときだけ、「それは違う」と言えばいい。まず、そんなことは起きないだろうが。

自分が話さないで、人の話を聞くようにしたら、みんなが結構よくしゃべって、おかしなことまで言い出すかもしれない。そんな中で、あなたのオフィスでの仕事の能率がわるい、なんて言う人が出てきたとしよう。

そんなときでも、憤慨してぼやいてはいけない。もうあなたは、「オレの能率がわるいって？　いったい誰が、みんなの間違いを直してやっていると思ってるんだ」とは言わないことにする。あなたは話している人たちに向かって、「みんなもさぞかし困っていたんだろうね」と言うだけだ。

そうすればもう、一方的な話ばかりして、会話が成り立たない人だと思われることはなくなってくるはずだ。

私たちは、一方的な話ではなく、ライカビリティの高い会話をしようとしている。

「会話」とは別に、何かのテーマについて考えを述べ合うことを「対話」といい、本書では

「対話」よりも、「会話」に主眼を置いて解説しているのだが、私たちは、きちんとした「会話」や「対話」でコミュニケーションする人になろうとしているのだ。

できるかどうかは自分次第

練習をすることについて、述べておきたいことがある。ライカビリティを高める話し方ができるようになることとは、スキルを習得することを意味する。そして本当に上手な話し方ができるようになりたいと思えば、スキル習得を目指して練習を重ねることが必要になる。

これまでに、何か「スキルを身につける」ための取り組みをしたことがあるだろうか。上手くなるために自分に訓練を課して、実際に上達した経験だ。スポーツでも、裁縫でも、料理でも、何でもいい。楽しんでやったことがあるということではなく、上手くなろうと、少なくとも一定期間、努力した経験だ。

受験勉強をして学校に合格したというのは、これとは違う。それよりも、たとえば走り高跳びで１７０㎝を跳ぶために努力を続けたというのがスキルの習得であり、上達のための訓練である。

私は仕事の一環で、「速読法」を教えて、定期的に授業を行なっている。

速読法は、できるようになる人と、できるようにならない人がいる。講師を長くやっていることもあり、できるようになる人とそうでない人は、見ていればわかるのだが、受講者の質問の内容を聞いて、それが判断できるときもある。

速読の授業をはじめる前に、授業の全体像を説明するが、そのときにたとえばこんな質問をする人がいる。

「このコースを受けて、このやり方（速読法）を一通り学べば、本当に速読ができるようになるんですか？」

私は、その場でも同じことを説明するが、こういった質問をする人は、残念なことに、ほとんどできるようにはならない。

この質問からは、速読法を身につけることが「スキルの習得」であるという意識が感じられない。スキルを身につけたいときには、できる状態になりたいという気持ちをはじめに持っている必要がある。その気持ちを持っているから、それを実現する方法――速読の場合であれば、速読法や学校など――を探す。

そして、それを習いながら自分でできるようにしていくものなのだ。できるようになるかどうかは本人次第なのである。

そのため「一通り学べば、できるようになるんですか?」と聞いてくる人は、これからすることがスキルの習得であることも、スキルの習得はどうすれば実現するのかということも理解できていない。したがって、はじめから無理があるのだ。

ギター教室へ行って、「ここに通えば弾けるようになるんですか?」と聞いたら、どんな返事が返ってくるだろうか。「あなた次第ですよ」と言われるに決まっているだろう。ライカビリティのスキルも、これとまったく同じことだ。

どのくらい身につけたい気持ちがあるか

それが何であっても、スキルを身につけたければ、本当に上手くなりたいと願いつつ、四六時中取り組むことが必要だ。

しかし、スキル習得をしたいと思いながらも、ある程度の没頭が必要なことを知らない人も多い。

私は語学習得についても講義をすることが多い。実用的な英語の習得方法について話すのだが、その際に必ず聞いてみることがある。

「本当に、英語なり、他の外国語を身につけたいと思っていますか。思っている人は手を挙げてみてください」というのがそれだ。

私はいつも、あまり多くの人が手を挙げることを期待していない。なぜなら、「本当に身につけたい」と思っているように見える人が少ないからだ。特に大学院の授業では、ほとんど期待していない。大学院の施設の中で、英字新聞などを読んでいる日本人学生は見かけないし、これだけインターネットで世界中のニュースやテレビ番組を観られる環境でも、そうしたものを観ている雰囲気もあまりないからだ。

それでもこの問いに、多くの学生が手を挙げるのは驚きだ。

私は、「自分も子どもの頃に外国で育ってバイリンガルになったのではなく、10代後半から勉強をはじめて苦労して覚えてきました。そのため、これから学びたいというみなさんにアドバイスできることはたくさんあると思いますから、何でも聞いてください」と話す。

そして、毎回このような説明をする。

「しかし、『英語が上手く聴き取れないのですが、どうすればいいですか』といった質問には、答えようがないものです。『こうやってみたけれど上手くいかないのはなぜでしょう』と聞いてもらえたら、必ず役立つ回答ができるのですが」

これは本当のことなのだ。他にも、頻繁にされる質問に、「わからない英単語は調べながら読んだほうがいいですか、それとも、その単語は飛ばして前に進んだほうがいいですか」というのがある。

これも「両方やってみて、両方ともできないんです」と言う人になら、具体的なアドバイスをあげられるものだ。そうでなければ「まず両方やってみたらどうですか」としか言いようがない。

「今、英会話学校に通っているのですが、上達が実感できない。今後どうすればいいかアドバイスしてください」と聞かれることも多い。このときにたずねるのは「週に何回くらい行かれていますか」ということだ。

「週に1回です」「時間は?」「90分です。ネイティブの先生と」「生徒は何人?」「2〜3人です」

こう聞くと問題が見えてくるのだ。

「その他には勉強などしていますか」「いいえ、できていません」

上手に英語を話せるようになりたいなら、週にわずか90分のレッスンで、しかも、おそらく自分が話す時間は、そのうちわずか数十分というのでは、あまりにも少なすぎるのだ。目指すレベルにもよるが、これでたとえば、仕事で英語を使えるようになることなどは、あり得ない。

本当に身につけたいという気持ちを持っていれば、もっと頻繁に英語に接しようとするはずだ。私もそうだったが、長時間机に向かって勉強するのは苦手だったとしても、英語で映画を観たり、音楽の英語の歌詞を追ってみたりせずにはいられないはずだ。

外国語は、仕事で必要に迫られて学ぶという人も多いが、「習得したい」という気持ちが強くなければ、いくら習得のコツを学んでも、「英語を学びたくて仕方がない」人に比べて期待できる成果は少ないだろう。

私には「本当に英語を身につけたい」と手を挙げた人たちが、本当にそう思っているのか、仕事で必要なだけなのか、また、たとえ本気だとしても、どの程度なのかもわからない。しかし、何かを本当に身につけたいと思っているときに、1週間に90分しか時間を使わないとしたら、やはり首を傾《かし》げたくなる。

ギターを上手く弾きたくて仕方のない人が、お金を払ってレッスンを受けられるのが、週に90分だけだとしても、他の時間にギターを手にしないことなど考えられるだろうか。逆に「食事のときくらいギターを離しなさい」と言われていても、不思議はないのだ。

ライカビリティを向上させたい人にも、まったく同じことがいえる。

話し方の原則を活用して、これまでよりもライカビリティを高めることはできる。しかし、これは速読のクラスで「一通り学べば、できるようになるんですか」と聞く人と同じで、「原則のとおり会話をすれば、相手を前向きにすることができるんですね」と捉えられる類《たぐ》いのものではない。

そしてもちろん、思いついたときにだけやればいいものでもない。本当に上達したいという気持ちを持ち、繰り返し実践を続けていれば、少しずつ成果を見出せるようになってくるようなものだと考えてほしい。

ライカビリティを高める話し方の原則――「6つの返答パターン」「話し方の4つのパターン」「あいさつと返事」を理解するのは難しくなかったことと思う。

それでも、実践をしはじめると、なかなか思うように自分の返答や話の仕方をコントロールできないことに気づくだろう。

ここで少し練習の仕方を紹介しておこう。

具体的な練習方法（1）——コンビニのレジでできる練習

世の中には、感じのいい人とそうでない人がいる。

接客業をしたことがあれば、一日に訪れるお客さんの中にも、いろいろなタイプの人を見ているだろう。客として買い物に訪れても、店員の雰囲気はそれぞれ違うものだ。ライカビリティが高い人もいれば、そうでない人もいる。

あなたは客としてどんな感じの人だろうか。たとえばコンビニのレジで、客としてのあなたのライカビリティは高いだろうか、低いだろうか、中くらいだろうか。

ライカビリティを高める一つの練習方法としてお勧めしたいのが、コンビニなどのレジを訪れたときに、大げさなほどいい人になってみることだ。念のため言及しておくが、コンビニのレジでだけ、いい人になるという意味ではない。私たちは、普段からいつでもライカビリティを高めようと努めるが、これはその中で試してみることの一つだ。

客としての自分のライカビリティがどんなものかは、ある程度自覚できているはずだ。これまであまり高くなかったとしても、それはよしとしよう。なぜなら、これからそれを高めていくことのほうが大切だからだ。

普段から自分のライカビリティは高いと思っている人も、さらに磨きをかけるつもりで取り組んでみてほしい。

ライカビリティを高めるには、動作や表情などを含む非言語（第5章でカバー）によるコミュニケーションも影響してくるが、ここでは「口にすること」だけに集中して考えてみる。

買い物で訪れた店のレジは、よい練習の場になる。自分の会社でいきなり大げさにやってみると、周囲が驚いたり、逆にテンションを下げたときに、何かおかしいと思われても困るので、そういう意味でも都合がいいだろう。

ポイントはやはり、「相手の感情について話す」ことだ。

コンビニのレジで、いったいどうやって相手の感情に触れるのかと疑問に思うだろうか。しかし、これは難しいことではない。

「いらっしゃいませ」と言われたら、「はい、こんにちは」と返すことだ（恥ずかしいかもしれないが、思い切ってやってみてほしい）。この一言があることで、店員は存在を認められていると感じるものだ。もしくは、最初は会釈をすることでもいい。

ライカビリティは、人が「認められたい」「大事にされたい」「気にかけてほしい」と望んでいる気持ちを満たすことで高まるものだ。

「いらっしゃいませ」と呼びかけられても、返事などしない客が大半なので、店員ははじめから、客からの返事など期待していないかもしれないが、それでも返事をしてもらえたり、会釈をされたら、気分はいいものだ。

客が店員のかけた言葉を無視するのは「無関心」であることに他ならない。ただ店員は、それを「無関心」と捉えるほどのことではない、と思うようにしているだけだ。

もともと店員が「いらっしゃいませ」と呼びかけるのも、そうして客の存在を認めたほうが、客は安心するからだ。声をかけるのも、マニュアル的と言えばそうだが、店に入ってきた客は、誰でも自分が入ってきたことを認めてほしいわけで、無視してほしい人は少ない。声をかけられなかったことに、気をわるくする客も多いのだ。

さて、あなたが商品を手にしてレジに向うと、店員はあらためて「いらっしゃいませ」と言うだろう。そのときに何をすればいいか、もうあなたはわかっているはずだ。「すみません。お願いします」といったことを口にするのだ。

もし店員が無愛想で、こんな人にも愛想よくしないといけないのかと思うときでも、やってみることだ。

もう一つの注意点は、声の大きさだ。どのくらいが目安かというと、店員の声よりも大きいくらいの声が目安と考えよう。

なぜ、店員よりも大きな声で話さないといけないのか。あなたは自分のライカビリティを高めようとしているからだ。ぼそぼそと小さい声で話しても、決してライカビリティは高くはならない。

「お弁当は温めますか」「ストローは要《い》りますか」という問いかけにも、同じように返事をしてみる。そして立ち去るときは、店員よりも大きな声で「ありがとう」と言うのだ。

そんなにまでする必要があるかと思うだろうか。もしそう感じたら、思い出してほしい。

私たちは、何が正しいかという話をしているのではない。

相手の感情を満たすことで、ライカビリティを高めようとしているのだ。コンビニでは、これをするだけで、あなたはいい人として認識されるだろう。

具体的な練習方法（2）――デパ地下でのやりとり

コンビニの買い物では、それほど会話をしないかもしれないが、デパートの地下などで、ちょっとした手土産を買うときはどうだろう。少し話すことが増えるはずだ。

たとえばバウムクーヘンのお店で、ほしい品を選ぶと、包装紙はメーカーのものがいいか、そのデパートのものがいいかと聞かれるだろう。のしが必要かどうか、領収書の宛名《あてな》や但《ただ》し書きはどうするのかなど、話すことがいくつかあるはずだ。

こうしたことを聞かれるたびに、「あいさつと返事」を思い出して、きちんと答えよう。店員が聞き返さなくてはいけないようなはっきりしない答え方はダメだ。聞かれたことに、はっきりと返答する。

つまり「おのしはご入り用ですか」と聞かれたら、「いいえ、のしは結構です」と言うのだ。ここで、「あっ、いえ、いいです」と小声で答えたりしてはいけない。

お釣りを受け取るときは、おそらくカルトンというつり銭を載せるトレーにお釣りが載せられ、「○円のお返しです」と言われるはずだが、その際にも、「はい、ありがとうございます」としっかり答えるのだ。

たいていのお店なら、店員がカウンター越しに商品を渡したりせず、カウンターから出てきて、お辞儀をしながら手さげ袋に入った商品を手渡してくれるだろう。そのときには、「ご丁寧にありがとうございました」と言うのだ。

それらすべてを割愛した場合に比べて、店員はずいぶんと自分が認められて、大事にされていることを感じ取るはずだ。あなたがそうした態度を取ってくれたことに、喜びを感じていることさえ見て取れるかもしれない。そうなれば、こちらもわるい気分はしないはずだ。

お互いを励まし合い、お互いに自信を持つというと、大げさに聞こえるかもしれないが、これは「お互いに接するのが嫌」という状態よりも、よほどモラルが高まっている状態だ。

一度だけでなく、機会があるたびに繰り返しやってみるといいだろう。

店員よりも、明らかに自分のライカビリティのほうが高いと感じるときもあるかもしれない。客商売に就いていながら、接客が嫌いな人はいるものだ。もともと客が店員に対して愛想よくしないのは、店員の態度がよくないのに、気を遣うのがばからしいからということもあるだろう。

しかし、ここでは、未熟な態度も怒らずに受け入れる成熟した大人になりきって、乗り切ることにしよう。無愛想な態度で仕返しというのは、この際、やめておくのだ。

次章でもカバーするが、そんなときのあなたの態度を見ている人が必ずいるものだ。そこで成熟した態度を維持すれば、あなたのライカビリティはさらに上昇する。

もしあなたがどこかで店員と接して、とても好感を持てないと思ったら、その人のことを、何かの事情で自分と生き別れ、苦労して育った実の妹か弟とでも考えてみよう。あなたは相手が無愛想でも、包容力のある接し方で、「相手を気にかけている」という態度を取ることができるかもしれない。

まあ、このたとえも極端なので気に入らなければ、自分は「周りや相手の態度に反応しているだけのRE-ACTIVE」ではなく、「自分が周りに影響を与えるPRO-ACTIVE」でいこうと考えてほしい。

こんな風に、どんなお店でも、ライカビリティの高い接し方をするチャンスはあるはずだ。ラーメン店でギョーザが美味しかったら、焼いている人にそう伝えてあげるといい。私も本当に気に入ったときにはそうするが、最高に嬉しそうな顔をする人がいるものだ。

ここでは、コンビニやデパートなど、お店のレジでの会話を練習の場としてお勧めしたが、私たちはライカビリティを高める話し方の原則――「6つの返答パターン」「話し方の4つのパターン」「あいさつと返事」を、他のあらゆる場所でも用いていくことになる。

次章からはあらためて、さまざまなシーンにおける原則の活用例を見ていこう。

第3章　ライカビリティで解決できる日常的問題

ライカビリティがない場合に生じること

私たちにライカビリティが足りない場合、どんなことが起きるのだろうか。人が寄ってくるかといえば、もちろん離れていってしまう。お店なら、もう客は来てくれないか、少なくとも好んで立ち寄ってはもらえない。場所がいいなどの利便性を優先して利用してくれる人もいるだろうが、道路の向こう側に同じ店ができれば、おそらくそちらへ行ってしまう。店に対して嫌がらせをしたいのではない。客はただ、自分の気分をわるくしたくないだけなのだ。

男女関係でも、簡単に別れられるなら、相手は去っていってしまうだろう。返答の仕方や話し方について、気になるところを話し合って何とかなればいいが、そうでなければ「愛しているなら、解説をやめてくれ」と、周囲には意味のわからないケンカを繰り返すことになるかもしれない。

相手の「口にすることの癖」が直らず、かといって別れることもできなければ、つらい状態が続くだろう。よいところのある相手であっても、真面目に働く裕福な相手であっても、同じことだ。

カスタマーサービスで、担当者のライカビリティが低ければ、クレームしてきた客はもっと怒ってしまう。もともとの用件とは別に、担当者の口にすることに腹を立ててしまうからだ。

上司のライカビリティが低ければ、部下に対してしかるべきことを伝えているつもりでも、部下は反発してくる。おとなしく話を聞いたふりをしていても、作成すべき書類をつくらず、上司が困っていても平気でいるような態度に出てくるかもしれない。

第1章で、ライカビリティが低いと、専門分野の能力が認めてもらいにくいということを述べた。そして私の経験した例として、「腕はいいと思っているのに、通うのをやめた床屋の例」を挙げたが、ここで述べていることも同じことだ。

行くのをやめたい店も、店員のライカビリティさえ低くなければ、ずっと通いたいわけだし、恋人や配偶者が自分の感情に言及してくれる人で、会話が楽しければ、これからも一緒に過ごしたいと思うはずだ。

カスタマーサービスにだって、客はケンカをするつもりで電話をするわけではないだろう。それでもやたらと待たされた挙げ句、無愛想な担当者が、客をまるで大事に思っていない対応をすれば、頭にきてしまうのは当然なのだ。

そして上司にとっても、部下にとっても、相手がもう少し話の通じる人であれば文句はないのだ。相手の能力は高く、会社に必要な人材であることはわかっているのだから。

つまり、店には必要なものが揃っていて、人も役割を果たす能力を持っているのに、それとは他の理由で人が去っていくか、去らないとしても、嫌になっているのだ。いずれの場合も、客なり相手なりから、今のままで満足とか、もっと親密になりたいとは思われていない。

客に反論する家電量販店の店員

ここからは、店員や従業員などを例に、ライカビリティを高める話し方の原則――「6つの返答パターン」「話し方の4つのパターン」「あいさつと返事」を用いて、何をどう改善できるか見ていきたい。

ここで考察するのは、店が販売している商品や職人の腕はいいのに、それとは別の理由で客が来なくなってしまう例だ。

客は一度その店を訪れて、商品や職人の腕はよいと思うのだが、もう一度訪れるかというと、そうしない。つまり、いい商品やサービスがあっても、他の理由で客が離れていくことがある。

理由の多くは、店員や職人の態度だ。それが気に入らないために、寄りつかなくなってしまう。

本来、客を引き寄せるべき店員、売り子、あるいは職人が、客を追い払ってしまっているのだ。もう来てほしくない客に、わざとそうしているのではない。無意識にそうしてしまっている。追い払ってしまった客の中には、できればリピートしたかった人も大勢いるのだ。

家電量販店でＰＣを見ていたあなたのところに、店員が来て、売れ筋の一体型デスクトップを勧めはじめたとしよう。あなたはさっきから、このデスクトップを自室の机に置いたら、重すぎるのではと考えていた。だから聞いてみた。

「これは一体型のようだけど、大きくて重すぎないかなぁ」

これに対して返ってきたのはこんな答えだ。

「重くないっすよ」

まあ、こんな言い方しかできない店員でも、たとえばこれに続いて、

「従来のデスクトップですと、本体とモニターを合わせて、およそ○キロ程度が普通でし

たが、こちらの一体型は○キロです」
と説明するならいいだろう。しかし、続いて店員が、
「机の上なんか、何キロ置いても大丈夫ですよ。本なんか置いたらすぐに何キロにもなるじゃないですか」
と言ったとする。

このような受け答えは、割とよく目にするものだ。客が商品を見て、心配な点があると言っているのに、言い伏せようとしてしまっているのだ。

話し方の原則からみると、この店員は、「反論」している。同時に、客の質問から、客が買わないほうがよいと判断しそうな情報が明らかになることや、自分の商品知識の足りなさが明らかになることを避けようと、自分を「プロテクト」している。

客の心配事には、もちろん「無関心」で、具体的な重量も知らないまま、「重くない」と言っている。これでは、客は気分をわるくして当たり前だ。

客に気に入られたいなら、客の心配を共有しなくてはいけない。客は心配を抱えたまま購入を決意するとは考えにくい。逆に、その心配を取り除いてあげれば、買ってもらえるかもしれないのだ。

「これは重すぎないかなぁ」と言われたら、「重さがご心配なのですね」と言うべきだ。相手の感情について話すのだ。

具体的な重量を確かめ、実際に従来のタイプより重ければ、「ご心配のとおり、従来より〇キロほど重くなっているようです」と話せばいいのだ。客が知りたいのは、まさにそのことなのだから。その上で、「重いことが気になるようでしたら、お勧めはこちらです」と、比較検討できるものを紹介すればいい。

「大きくて重すぎないかなぁ」に対して、「重くないっすよ」「重くても大丈夫ですよ」と答えてしまえば、客はもう来なくなるか、この対応に対して何らかの形で反発をしてくると思わなくてはいけない。

客としては、こんな店員がいる店では、気分がわるくなるだけでなく、店頭へ出向いても必要な情報も得られず、困ってしまう。別の店員によい対応をしてもらえればいいが、そうでなければ他の量販店へ移動せざるを得ないのだ。客が自分で店までやって来て、売り場で物色している状態なのに、これを追い払ってしまってはどうしようもない。

顧客に去られる床屋

ここでもう一度、床屋を例に挙げてみたい。客を獲得し、維持するのに十分な専門的技術があるのに、他の理由で客を失っていると思われる例がよく見られるからである。他の業界の方にも参考になると思う。

これまでにたくさんの床屋を訪れたが、繁盛している店と、そうでない店を比較しても、主人の腕にはそれほどの違いはないように思える。

腕に違いがないのなら、他に何が違うのか。客によって、こだわるところは異なるだろう。私の場合で言うと、最優先して考えているのは、時間を守ってくれるかどうかだ。予約の時間から何十分も待たされることが続くようだと、その店に通いたくても、通えなくなってしまう。

「客が店を選ぶ」となると、店について細部まで評価し、小難しいことを言って決めているように思えるかもしれないが、実際にはそんなことはない。

きちんとカットしてくれる店なら、そのまま通い続けたいのだが、「これではちょっと……」という事態が起こって、他の店を探さざるを得なくなる。客のほうも困っているのだ。決して、「気に入らないことがあれば他の店へ移るぞ」と、身構えているわけではない。

私は日本へ帰国してから、家の近所にオープンしたばかりという美容院に通っていた。感じのいい店で気に入っていたが、店が流行り出すにつれて、予約の時間に行っても、40分、50分と待たされることが続き、「これではちょっと……」となってしまった。

店の人は、こちらが恐縮するくらい丁寧に謝ってくるのだが、前の客が遅れて店に来ると、後に押してしまうのだという。

私としては、状況は理解できるのだが、それに合わせているわけにもいかず、別の美容院へ通うことにした。しかしその店でも、しばらくして同じようなことがあり、私は本気で「時間を守ってくれる店」を探すことにした。

以降、10年間通った床屋は、カットの腕が特によかったというわけでもないが、時間には本当にきちんとしていて、予約の時間に来ない客がいると、電話をかけて、「他のお客さんもいるので、遅れてきてもできないかもよ～」などと話すのだ。

私も10年間で一度だけ、遅刻したことがあったが、そのときにはしっかり嫌味を言われた。けれども、時間を守ってくれて、１時間でスパッと終わってくれることは本当にありがたかったのだ。

もちろん、料金を低く設定した店が好きで、カットの技術にはそれほどこだわらず、技術者も選べなくてもいいという人も多いので、そういう人には当たり前に聞こえるかもしれないが、このように私は、長年通った店を、カットの技術ではなく、他の理由で決めていた。

ところが、このお店にも、やがて行かなくなることになる。

もともと店の主人は、「昔、理容学校に通っていた頃には、お客さんに自分がおもしろいと思う話を聞かせるのではなく、お客さんのしたい話に合わせるか、できるだけ聞き役に回るべしと教えられた」という話を延々と一方的にするような、よくしゃべる人だった。

「最近は不景気で物騒《ぶっそう》なことも多くてねぇ、この間、お客さんが山道を運転中に、休憩したくなったので道端の自販機で缶コーヒーを買って飲もうとしたら、その瞬間に目の前の木で首をつってぶら下がっている人が目に入ってさぁ。ひっくり返ったって」などといった、たわいない話を聞いている分にはいいのだが、親しくなるにつれて、主人は「私の話」をすることが増えていった。

それでも別の店で長い時間待たされるよりはマシだった。また、この主人と奥さんは、私よりだいぶ年上だったが、寝たきりの父親を介護しているとのことで、それを聞くと、なぜかその主人には、「私の話」をやめてくれと言ったり、話をそらしたりする気にはなれなかった。まあ、つまり聞き流すことができていたのだ。

しかし、客にどう思われているか察していない主人は、自分のゴルフのスコアから、白アリの被害にあったことや、子どもや孫の日常についても、気の向くままに話すようになり、自分がしゃべりたければ、耳かきをしながらでも話を続けるようになってしまった。

次第に馴れ馴れしくなってきて、暑い日に私が汗ばんでいれば、汗をかかれるのが嫌なようで、勝手に背中に制汗剤スプレーを吹きつけたり、「この間と同じようにカットしてほしい」と言うと、「どうやったか覚えてない」などといったことまで口にするようになってしまった。

ライカビリティを高める話し方の原則でみると、客の前では覚えているふりをするけれど、たいていの場合は覚えてない。客に対しては「無関心」となり、「私の話」を中心に「一方的に話す」、「会話が成り立たない」人になっていた。

通いはじめて数年間は、大事にされて、気にかけてもらっていると感じられたのに、それがなくなってしまったのだ。

私はまた、他の店を探したくなった。そこで、「反論」してくる床屋や、「ぼやいている」床屋など、何軒か新たに行ってみた後で、ようやく現在通っている店を見つけて落ち着いた。

ここまででわかるとおり、床屋を選んだ理由も、通うのをやめた理由も、主人の腕には関係していない。最も肝心なはずの技術が好きで選んだとか、それが気に入らなくてやめたということは、一度もないのだ。

今、通っている店は、私よりずいぶんと若い夫婦が営んでいて、おそらく若い主人の父親と思われる先代の主人もいて、年配の客の世話をしている。

私は、はじめてこの店へ行ったとき、この若い夫婦が、父親をとても大事にしている様子を見て好感を持った。そのため、もし時間がずれ込むようなことがあっても、きっと自分は気づかないふりができると思ったほどだ。もちろん、店の人にこんなことは話していないが、ここでも決め手は「技術以外のこと」だったのだ。

こう考えると、専門分野の腕を磨くだけで客をつかめるとは考えないほうがよいことがわかる。店の人から見ると、変なことにこだわる客に見えるだろうか。そうかもしれない。しかし客のほうは、あら探しをしたいのではなく、そうしたことが実際に気になるのだ。そして店に文句を言うわけではなく、ただもう来なくなってしまう。

店を選んだ理由も、行くのをやめた理由も、もし聞かれたら、別のことを話すだろう。「細かい人だ」と思われるのは嫌だからである。だけれども、選んだり、選ばなかったりした本当の理由は、ちゃんと存在しているものだ。

衣料品店で客につきまとう店員

他にも、店員が口にしたことが原因で、客が寄りつかなくなる例を見てみよう。

以前、私は企業の経営後継者の知り合い数人と、アメリカのカジュアルウェアのブランドの店を訪れた。

私はそのブランドについては、学生時代からよく知っていたが、日本では、やたらと高級品として扱われているようで、価格設定も高い気がして、一度も買い物したいと思ったことはなかった。

何しろ、学生時代から過ごした80年代後半から90年代後半にかけてのアメリカは、現在と比べてずいぶんと物価の安かった頃で、しかもバーゲンセールか郊外のアウトレットでしか買い物をしなかった私には、アメリカのブランド衣料品はじつにリーズナブルな価格帯だというイメージがあった。

そのため、アメカジのジーンズが、日本でたとえば1本8000円くらいで売られている現場を見たら、「そんな販売をする集団にだまされてはいけない」というくらいに思えていたのだ。

しかし、そのときに一緒にいたのは、金持ちの知り合いばかりだ。大きな会社の三代目、四代目の跡継ぎになる人たちばかりで、全員身なりもよく、やはりどことなく育ちのよい雰囲気もある。衣服など、気に入れば、値段などあまり気にせずに買うような人たちでもあった。とはいえ私たちは、買い物がしたかったわけではなく、店舗の様子を見に行っていたのだった。店構えや店員の数、商品レンジなど、その店には申し訳ないが、改善できるところを見つけて、後で話し合おうという趣旨で、勉強のつもりで訪問したのだ。

当時、ユニクロのジーンズが市場シェアを急拡大しているというニュースが話題になっていて、私たちはその店のジーンズを見て、比較してみることにした。

店に入り、ジーンズ売り場へ行くと、当たり前だが、そうとは知らず、店員が話しかけてくる。

私たちは勉強といっても、買い物をしないと決めていたわけではない。普段はみな忙しく、ゆっくり買い物などできないので、気に入ったものがあれば、(お金がもったいないと思っている私を除いて)その場で買ってもいいと思っている人たちだ。

店員は、お金持ちの客を目の前にしている。態度を気に入ってもらうだけで、一人何万円分も、その場で買ってもらえるかもしれないというチャンスだった。

「何かお探しですか」と言った店員に、誰かが「いえ、ちょっと見ているだけです」と答えた。

店員はそこで、「またよろしければお声がけください」と言って、離れてくれればよかったのだが、つきまとってきた。

「どんなジーンズをお探しですか」

「４人でいらしているということは、プレゼントか何かお探しですか」

と、うるさいのだ。

一人が、「すみません、ちょっと静かに見させてください」と言うと、「いえ、みなさんでいらしているので、プレゼントか何かと思いまして」と大きな声で話し続ける。ブランドそのものやジーンズについても、説明をはじめた。

私たちがバラバラになって、それぞれ別のジーンズを見はじめると、そのうちの一人についていって話しかけ、ついに「もう、ちょっとやめてください」と言われていた。このとき店員は、私たちに帰ってほしいと思っているかのようにさえ見えた。

店員は、客がゆっくり見たいという気持ちを無視していた。つまり、客に話しかけていながら、客には「無関心」なのだ。

勝手に説明をはじめるのは「私の話」をするのと同じことで、一方的で「会話が成り立たない」人であることも間違いない。

私たちはしらけてしまい、店のまったく別のコーナーへ移動した後、隣のイタリアのカジュアルブランドの店へ移ってしまった。

アメカジ店の店員は、優良な見込み客が店に来てくれて、商品の前に立っているのに、意図せずにそれを追い払ってしまったのだ。こんなにも客に嫌悪感を抱かせて追い払ってしまう店員はめずらしいと思うかもしれないが、同じようなことをする人はじつは多い。

彼らは、客のことなど大事に思っていない。自分のノルマと売ることだけを考えているのだ。しかし、それにしても、もう少しマシな接客ができないだろうか。ブランドや店舗が、せっかく集客努力をして店まで引き寄せた客を、追い払ったりせず、少なくとも店内に留まらせる接客だ。

客をリピートさせない板前

ビジネスパーソンは、接待をすることも、されることもあり、常に利用できる店を探しているものだ。接待で連れていってもらった店が気に入って、次は自分が接待客を連れていくこともある。

あるとき私は、外資系の企業から仕事をいただけることになり、打ち合わせの後、社長さんに昼食へ連れていっていただいた。会社の近くのお気に入りのお鮨屋さんということで、こぢんまりして小ぎれいな店だった。カウンターの奥に席が用意されていて、外資系企業の経営者らしいおもしろい話をうかがいながら、食事を楽しんだ。

特に若いビジネスパーソンに伝えておきたいが、こうして目上の人にごちそうになるようなときは、間違っても、出される料理や、店のことを「評価」などしてはいけない。

こんなときは、もちろん「無関心」ではいけないが、関心を示すというのは、料理について詳細を話すとか、自分が行ったことのある似たような店について話すということではない。

それでは「解説」や「私の話」になってしまう。関心は、「ごちそうしてくださっている人」に対して抱くべきものであるから、「おいしいです」「ありがとうございます」と言って示すものだ。「こんなによくしていただいて嬉しいです」と述べることが、関心の示し方であり、相手の気持ちについて言及している状態なのだ。

知ったかぶりをするなどとんでもないし、もし本当にその料理をよく知っていたとしても、そんなことは黙っていればよいのだ。いくら自分の知識やおいしいものを味わった経験を話しても、相手に好感を与えることはない。

「ありがとうございます」「いただきます」「最高においしいです」と言っているから、かわいがられる。男性であれば、女性にご馳走《ちそう》したときに、どんなことを言われたら嬉しく思うかを考えてみればわかるだろう。

さて、その鮨屋のカウンターは、昼間から好きなネタを注文して楽しむ食通の常連客ばかりで、いい店だと思っていた。

社長さんが席を立たれたときに、店の主人が「社長さんの会社のお客さんですか」と聞くので、「お世話になっているんですよ。本当によい方で」と雑談をしていた。主人も「社長さんにはお世話になっています」と愛想がいい。

それで私が、「ボクも、社長さんみたいに、こうしておいしいものを毎日食べられるようになりたいですよ」と言ったら、次の瞬間に、カウンターの中にいた若い板前が「毎日は多いんで、2日に1回でいいっすよ」と言ったのだ。もちろんカウンターにいる他の客にも聞こえている。

私はその一言を聞いて、こんなことを言うようでは、「またこのお店に来てもいいかな」と思っていたお客さんが、そんな気持ちをなくしてしまうのではないかと心配になった。こうした大事なビジネス取り引きの場ではなく、柄《がら》のわるい場所で気分のよくない人が聞けば、口論になりかねないような茶々が入ったのだ。

いい店づくりで、愛想も手際もいい主人や仲居さんがいて、十分においしい食事が楽しめるのに、一人の板前が、また来たいと思っている客を追い払ってしまう可能性がある。

客が褒めているのに、「反論」しているようなことは言うべきではない。若い板前とはいえ、こんな会話がおもしろいと思っているようでは、次に自分が接待客を連れてきたときに、どんな失礼なことを言われるか、わかったものではないからだ。

会社のレベルを疑わせる従業員

客が来なくなるほどではないにしても、会社のレベルが疑われてしまうような例もある。

私が以前、受講生として参加した研修でのことだ。その研修は集客力が高いことで全国的にもよく知られていたので、どんなものなのか知りたいと思い、参加した。

研修は、運営の仕方を含め、感心することは多かったが、講座自体の内容から特に学びたいことがあったわけではないので、最後までは受講せず、昼休みの間に帰ることにした。

私は、誰でもいいので係りの人に、すみませんが途中で帰りますと伝え、午後に配布する予定の資料があればもらいたかったのだが、研修の係りもやはり昼休み中のようで、見当たらない。

午後の開始まで待つのは時間がもったいないと思い、研修室から出て、その会社の事務所へと階段を上がろうとすると、踊り場のところに、午前中に研修の係りと話していた別の係りがいた。そのため、私はその若い女性に話して、用件を伝えようとした。

「すみません。研修を受講している者ですが……」

こう話しかけると、その人は体をこちらに向けるわけでもなく、顔を上げてこちらをしっかり見るわけでもなく、暗く小さな声で「はい」と言ったのだ。話しかけられるのを嫌がっているように見える。

そして、「研修の係りの方はいらっしゃいますか」と聞くと、「今休憩中です」と答えた。

そのまま、「どうなさいましたか」とも、「何時になったら戻ります」とも言う様子はない。

頼りないなと思いながら、私は用件を話した。

「研修を受けていましたが、もう帰りたいので、午後に配布する予定の資料があればいただきたいのですが」

これを聞くと、その人は「後日郵送でよろしいでしょうか」と答えた。相変わらずこちらをまともに見ていない。

私は「後日郵送ということは、配布する資料はあるんですね」とたずねると、首をかしげて「いや、わかりません」と答える。

私もこの答えには困ってしまい、これは話しても仕方がない、後でこの会社に電話を入れて同じことを聞くことにしようと思い直した。この係りは、「今休憩中です」と答えたときに、私がそれ以上何も言わずに立ち去っていても、用件をたずねることもなく、きっと私と同じようにそのまま立ち去っていたのだろう。

そして研修室を出て、1階でエレベータを降りたときに、偶然研修のインストラクターと係りに会ったので、「申し訳ありませんが帰ります」と伝え、資料についてたずねると、午後に配布する予定のものはないということだった。

あの係りは、「後日郵送」と言った後、私が「では郵送してください」と言ったら、資料がないとわかったときにどうしたのだろうか。それ以前に、「後日郵送」という言葉は、私の感覚でいうと、インターネットのサイト上に記したり、メモをするときなど、書き言葉に使う表現で、人と対面で話すときには、「追ってお送りさせていただく形で……」などと言うのが普通に思えるが、本人の感覚とはだいぶ違うのだろう。

ただ未熟なだけと言ってしまえばそれまでだが、私には、人気講座などで急成長しているその会社が、なぜもう少し採用する人を選ばないのか、なぜ必要最低限の指導もしていないのか、不思議に思った。

まあ、そうしたところまで気を遣ってはいないのだろう。それでも、こうしたことがあると、会社としてのレベルを疑われてしまうことは避けられない。

係りは客に「無関心」で、いいかげんに「解決案」を述べるだけ。会社もこうしたことに「無関心」で、儲《もう》かっていればいいとだけ考えている、という印象を受けてしまったのだ。

細かい言葉の間違いを指摘したいのではない。客を大事にしたいという気持ちが感じられないところが問題で、それを「話し方の原則」に照らし合わせてみると、「無関心」であり、不適切な「解決案」だという話だ。

言葉のことで言えば、このようなこともあった。

あるとき泊まったホテルのフロントで、「宅配便の伝票をください」と頼んだところ、手元に伝票を切らしているので、後で部屋まで届けてくれるという。

係りの人は、いかにもすっ飛んできましたという感じで、私の部屋をノックすると、大きな声で「申し訳ございませんでした。一応、書き損じのために、2枚お持ちしました」と言って伝票をくれた。

思わず、「君、『書き損じる』という言葉は、あえて客に言うことではないよ」とツッコミを入れたくなるところではあるが、一生懸命やってくれているのがわかるので、べつに気分がわるくなるわけではない。彼が客を大事に思っていたことは伝わってくるため、もちろんそれは取るに足りないことと思えるわけだ。

客の満足度が、ライカビリティに依存していることがわかるだろう。細かいことではあるが、私たちは、もっと意識を高めてもいいはずだ。

無意識に異性を追い払う人たち

さて、ここからは、男女の関係においても、ライカビリティを高める話し方の原則――「６つの返答パターン」「話し方の４つのパターン」「あいさつと返事」に照らし合わせて、日常的に改善できる点を見つけていこう。

夫婦や恋人という間柄においても、わるい返答や話し方の犠牲になってしまう人は多い。わるい返答や話し方をする人は、その癖になかなか気づかないだけでなく、気づいても、すぐに直せるとは限らない。

夫婦の場合は、相手の話し方が嫌になっても、すぐに別れられない分、苦痛を抱えたまま過ごすことになってしまうだろう。

未婚の男女の場合は、夫婦よりは簡単に別れられるかもしれないが、それは同時に、自分の話し方に嫌気の差した相手が、離れていきやすいことも意味している。ただの恋人であれば、どちらかの話し方が原因で別れてしまうことになるのは、よくあることのようだ。

男性は女性に近寄っていくものだが、近寄った後に、自ら離れていくこともまた多い。もちろん女性も男性に近づいていくが、同様に自分から遠ざかることはめずらしくない。自分にはもったいない相手だから身を引くということもあるのかもしれないが、多くの場合は、相手の嫌な面に気づき、それが原因で離れるのだ。

近寄って、すぐに離れるケースも多い。一度会っただけで、もう会いたくないと思うこともあるだろう。その理由の多くは、相手の口にすることが好きになれないからだ。

ここまで繰り返してきたように、たとえば「反論」されたり、「評価」されたりすれば、異性であろうと、簡単に相手を嫌になってしまう。しかし「反論」などをした人も、嫌われようとしてそうしたのではなく、相手によく思われようとしながら、そうしているのだ。ここまで読み進んできた人なら、この意味は十分にわかるだろう。これが、無意識に相手を追い払っている状態だ。人は知らず知らずのうちに、異性を追い払っている。

また、「話し方」によってだけではなく、「非言語コミュニケーション」によって、相手を追い払っている場合もある。

たとえば、ある女性は、会社から帰宅するときに、机の上に消しゴムのカスを撒《ま》き散らしたまま、シャープペンシルは、芯が飛び出た状態で、机の上に置きっ放しにして帰っているとしよう。この行為は、「女性には身の回りを小ぎれいにしていてほしい」と望んでいる男性を追い払ってしまう。

革靴の手入れをしたことがなく、踵《かかと》も踏みつけている男性は、「足元には人の性格が出る」と考えている女性を遠ざけがちだ。

ベストの自分を見せようと、ブランド品や高級品で着飾っている人には、逆に近づきにくいと感じる人も多い。お金を使った人の本意とは裏腹に、それが人を遠ざけてしまうこともあるのだ。

非言語コミュニケーションについては第5章であらためて取り上げるので、ここでは会話に絞ることとする。第2章の「総合的な練習問題（4）――恋愛編」でも、恋愛関係における男女の会話を「6つの返答パターン」で考察した。それだけでも説明がついたように思えるかもしれないが、ここからは、「反論」「評価」という人を傷つけやすいものに絞って例を見てみたい。

どれも男女関係だけに言えることではなく、人が離れていっても何ら不思議はないケースばかりだが、これらの例を見ることで、自分と異性との会話について振り返ってみてほしい。

「反論」で異性を追い払う人

いうまでもなく、「反論」されるのは、じつに気分のわるいことだ。

ここでいう反論は、その必要があって、相手と異なる意見を述べたり、注意をしたりすることとは違い、口癖のように反対のことを言ったり言われたりすることだ。

必要な反論と口癖の反論を明確に区別するのは難しいかもしれない。

たとえば夫が、「いつも牛乳買いすぎなんじゃないのか。先週も期限切れで捨てただろう」と言ったのが、たまたま今回、牛乳について話しただけなのか、こんな調子でいつも奥さんに批判的なのかはわからない。

しかし、言われた奥さん自身は、どちらか感じ取っているはずだ。夫のほうは、ただ注意しているだけと考えていても、奥さんは、「いつも夫は反論してくる」と思っているかもしれない。また、夫のほうも、「期限切れで捨てただろう」と言ったところ、奥さんから「あなたが飲むと言うから買ったのに、思ったほど飲まなかったから」と言い返され、むしろ自分がいつも反論されていると感じているかもしれない。

日常的に反論が交わされており、どちらかが嫌な思いをしているとすれば、それを何とかできないだろうか。

関係が夫婦であろうと、恋人であろうと、たとえば、「ヨーロッパに行きたいなぁ」と言ったときに、相手から反論を受ける必要はない。

「旅行のことばかり言っていないで、お金を貯めることを考えれば」とか、「ヨーロッパはいいけど、もうちょっと美術のこととか勉強してから行くべきだよ」などとばかり言われていれば、嫌になって当たり前だ。たとえ指摘に正しい点があったとしても、同じことだ。

それであなたが機嫌を損ねると、「君のことを思ってそう言っただけで、傷つけるつもりはなかった」と謝ってくるかもしれない。

しかしそれでも、もし、相手が「反論する癖」を持っているように思えたら、あなたは今後も標的にされ続けることを自覚しないといけない。

「食後に紅茶が飲みたい」と言えば、「夜によく紅茶なんか飲むね」と言われるし、「新聞記事をスクラップするのがたいへんだ」と言えば、「毎日少しずつすればたいへんじゃないよ」と言われる。

こんなことが続くようであれば、あなたが話している相手は、ロジカルなわけでもなければ、かしこいわけでもない。ただ「そんなことしか言えない人」なのだ。

夫婦であれば、ある程度のところまでは我慢できる、もしくは我慢しなければならないと思うかもしれない。そんなことを気にしすぎたら、夫婦などやっていられない、問題にすれば、夫婦関係に大きなひびが入るかもしれない、と思うからだ。反論ばかりされることに気づいても、あまり気にしないか、ただ気を紛《まぎ》らわすほうが得策に思えることもあるだろう。

しかし、夫婦でもなく、必ずしも「一緒にいる必要がない相手」であれば、誰がこんな反論を聞き続けたいだろうか。反論癖が、相手を追い払ってしまうことは明らかだ。誰もそんな癖を持った人と一緒に過ごしたいはずはない。

「評価」したら異性はいなくなる

もし私が、「自分は料理の上手な女性とつき合ったことはない」と言ったら、どんな印象を持つだろうか。きっと好感は抱きにくいのではないだろうか。「つき合った女性たちを評価して何様のつもりだ」「自分はどれだけ料理ができるんだ」と思われても仕方がないだろう。

褒められるなら別だが、誰も人からそれ以外の評価をされたいとは思っていないし、他人を評価する人を見て、好感を持つものではない。喜んでいられるのは、「誰かが自分の嫌いな人の悪口を言うとき」くらいだろう。

誰かにお願いして自分のことを評価してもらう場合でも、しかるべき指摘をしてもらったり、役立つ指摘をもらえれば、感謝できることはあるが、相手に好感を持つのは、やはり褒められて、「認められた」と感じたときだけだ。

たとえば、大好きな芸人に、自分の小話《こばなし》を聞いてもらってコメントしてもらえる機会を得たとしよう。本当に尊敬している相手であれば、もし、「あかん。１分と聞いてられへんわ。滑舌《かつぜつ》わるすぎて、何ゆうてるか、わかれへんし」と言われても、それが正直な感想だと受け取り、素直に聞けるだろう。

もし、それに合わせて、「しかし、君のやる気はええなぁ。その真剣さは伝わってくるわ。それはとてもええと思うで」とでも言われたら、認めてもらえた気がして、やはりその芸人が好きなままで、厳しいコメントにさえ、もっと感謝できるかもしれない。

だがここで勘違いしてはいけない。よい点、わるい点の両方を挙げられても嬉しいのは、「大好きな芸人」に「自分から評価をお願いした」からであって、頼んでもいない人から、自分のわるい点などを聞いても、気分がよくなることはない。

芸人と一緒に自分の小話を聞いていた一般人がいて、その人が「前半はとてもおもしろかったけど、後半は少しテンポが乱れたと思います」などと言ってきたら、気分がわるくなるだけだろう。

同様に、男性でも女性でも、料理をつくったときに、「おいしいけれど、冷めているからイマイチ」と言われるのは嫌なものだし、「和食をつくるとおいしいいけど、洋食はもっといろいろ食べ歩くとよくなるかもね」などと評価されたとしたら、気持ちがいいはずはないのだ。手間隙《ひま》かけてつくることにも、張り合いがなくなってしまうだろう。

自分のわるいところを聞かずに、よいところだけを聞いて喜ぶのはおかしいという人もいる。自分に対するネガティブな意見を無視するなら、ポジティブな意見も期待すべきでないという考え方だ。そういう人はだから、「よいところ、わるいところの両方の面を相手に話して、何がわるい」と言ってくるかもしれない。

だけれども、思い出してほしい。私たちは今、「何が正しいか」を追求しているのではない。誰かに「何が正しいか」を主張してほしいわけでもない。

誰もが「正しさ」ではなく、「感情」で物事を決めているのだ。好感を与えたければ、このことを忘れてはいけない。それを忘れると、つまらない話で人を追い払うことになる。

男性が女性の前でそれをしたら、女性は去っていく。女性も男性の前でそれをしたら、同じことが起きる。自ら異性を追い払ってしまうのだ。

泣き顔になるくらいなら

せっかくデートなり、コンパなりの約束を取りつけ、時間をつくり身なりを整えて、相手に会うことができたとしても、会話で口にしたことによって、同じように時間をつくり、おしゃれをして会いに来た人を追い払ってしまうのだとしたら、あまりにも悲しい。

もしかすると、他は完璧だったのかもしれないのに、追い払うつもりなどなかったのに、無意識のうちに「異性に去られて当たり前のこと」を口にしていたとしたら、あまりにも残念だ。

そんなふうに異性を追い払いたくはないものだが、追い払われたほうは、それでよかったと思うこともあるかもしれない。

その人の別の部分の魅力に惹かれ、好きになってしまってつき合いはじめてから、見えてきた「反論」や「評価」の癖に悩ませられるよりは、早々に解放されてよかったというようなケースだ。別れるに別れられず、ずっと長い間、苦しめられることになったら、たいへんだからだ。

私はよく会社などで、泣き顔の従業員を見てきた。いきいきとやる気に満ちた表情とは逆の、いつも叱られるのを恐れている従業員たちの顔だ。会社の全員が泣き顔というのは見たことはないが、特定の部や課で、上司やその取り巻きの性格のわるさや管理の仕方によって、部下がそんな顔つきになってしまうのだ。

夫婦では、泣き顔の夫は見たことがないが、奥さんのほうが泣きそうで、夫の言動に苦しめられていそうに見えることはある。

内情については知る由もないが、人は、「反論」され続けてもそれに反発できないでいたり、わるい「評価」をされながらもそれに折り合いをつけてやっていこうとすると、そんな泣き顔になってしまうことがある。

そんなことになるくらいなら、早々に追い払われてもいいだろう。異性の口にすることのパターンを読んで、癖があるようなら早く見抜いてしまおう。

演習――「上司が部下を説得する」

ライカビリティについて講義を行なうときには、合わせて演習を行なっている。「6つの返答パターン」で、普段の自分の返答パターンを分析したり、相手の感情について触れる一言を述べる練習をする。

それに続けて行なうのが、上司が部下を説得する演習だ。上司は、遅刻の目立つ部下を呼び出して、勤務態度をあらためるよう注意するが、部下はいろいろと不満を募らせており、なかなか素直に謝らない。

そこで上司は、「6つの返答パターン」をはじめとした「ライカビリティを高める話し方の原則」にしたがって、部下を説得する。

演習では、たとえば受講者が20人くらいなら、そのうちの3人ほどに部下の役をお願いする。部下役の人たちには、講師の私から、上司のどんな言動にどう反応してほしいか、事前に依頼しておく。

上司から注意を受けたら、まずは、「連日仕事で帰りは夜遅くなっているので、少しくらいの遅刻は大目に見てもらえるはずだ」と主張する。この際、併《あわ》せて言いたいことを言ってもいいが、もし上司が自分のことを思いやり、感情について触れることを話してきたら、上司の言うことに理解を示してほしい、という内容だ。

残りの人たちは全員、上司の役で、それぞれ4、5人のグループに分かれてもらう（残り17人なら、4グループできる）。そしてまず、「ライカビリティを高める話し方の原則」にしたがって部下を説得するには、何に気をつけたらいいかを、話し合ってもらう。

10分ほど準備をしたら、部下のグループから1名と、上司のグループ（4グループあれば、Aグループから Dグループとして、まずはAグループ）から1名、前に出て、テーブルを挟み、向かい合って座ってもらう。

これが演習のはじまりだ。5分〜10分ほど、自由に話をしてもらう。上司が部下を呼び出したという想定で、目的は「部下に遅刻をやめさせること」だ。

これがどんな話し合いになるか、事例を見ていこう。

上司役の人たちは好感度を意識しているので、たいていの場合、物腰《ものごし》はやさしいことが多い。ただ、不満をためた部下の態度は、あまり素直とは言えず、多少横柄《おうへい》なことを言い出すときもある。

事例１

上司によっては、いきなり用件に入らず、「最近はどうですか」などと言って会話をはじめる。続いて部下が答える。

「きついです。残業が多くて、正直、仕事たいへんですよ。最近は新入社員の教育係までやっていて」

ライカビリティを高める話し方の原則「６つの返答パターン」を意識したら、次に上司はどんなことを話すのが適切だろうか。演習でよくあるのは、こんな話し方だ。

上司「そうかあ。逆によいところはあるかな」
部下「あまり思いつかないですね」
上司「さっき仕事がたいへんと言ったのは、どんなところかな」
部下「ほとんどすべてです」

ここまでの会話で、上司はすでに「６つの返答パターン」から、適切なパターンを選べていないのがわかるだろうか。上司が話すべきは、相手の感情についてだ。

わるい点とは別によい点を挙げさせたり、「たいへんなところとは、どんなところか」と詳細を聞き出すことではない。

これを聞いている部下は、もしよい点を挙げたら、上司から「その点をもっとありがたく思って、わるい点ばかりを強調しないように」と「反論」を持ちかけられそうなことがわかるし、また、たいへんなことの詳細を話したら、その解決案を提示されるだろうが、そんな提案などほしいとも思っていない。

部下は、この時点ですでに、自分の気持ちが満たされない話ばかりになりそうな予感がしている。つまり、こうして上司と話しても、自分が大事にされていると感じられないのである。

部下「わかっていただけていると思いますが、残業は多いし」
上司「うーん、気持ちはわかるけどねぇ。じゃあ、どうしたらいいだろうか」
部下「私が答えられることではないように思いますけど」

ここで、上司が述べたことは、「６つの返答パターン」では、どれに該当するかわかるだろうか。上司は「無関心」か、そうでなければ「解決案」を探している。
しかし、こんな話に、特効薬的な「解決案」などあるはずはない。つまり、上司は本当にどうしたらいいかわかっていないか、もしくはどうにもならないと思っているのだろう。
ここでも必要とされているのは、もちろん部下の感情について話すことだが、具体的にどんなことを言うべきか、わかるだろうか。

事例2

別の会話例を見てみよう。

上司「遅刻が多いようだけど」
部下「遅刻といってもわずかな時間で、まだみんなバタバタしているときですから、あまり影響はなかったと思いますけど」
上司「いや、朝はみんな揃っていないと。規律の問題もあるし」

上司の指摘はもちろん間違っていない。部下の言っていることも常識的とは言いがたいだろう。しかし、上司はここで、部下の感情について話をするべきであり、何が正しいかを話すことは、必ずしも今、必要なことではない。

部下「先日の遅刻に関しては、体調不良のところを無理して来たので、理解してもらえると思うんです」
上司「体調がわるかったのか。それじゃあ、まあ仕方がないね。体調の管理をしないとね」
部下「いえ、もともと体調がわるくなるのも、仕事が忙しすぎて、人も少ないし、残業ばかりだからですよ」
上司「……残業が減るように調整してみるよ」

このように続く会話でも、まだ部下は、自分の気持ちに触れることは言ってもらえていない。繰り返しになるが、上司は「解決案」について話す必要はなく、それよりも、部下を大事に思い、気にかけていることを伝えなくてはならない。

演習では、上司役の人たちは、部下を認め、大事に思い、気にかけていると伝えるべきことは重々理解しており、部下の感情について話すことも必要とわかっている。しかし、部下を目の前にした実践では、それが上手くできないことが多いのだ。

事例3

あらためて、上司が「何が正しいか」を述べてしまっている例を見てみよう。

上司「遅刻が多くて、最近やる気がないようだね。仕事に不満でもあるのかな」
部下「ええ、あるんです。給料についても、残業についても」
上司「お金の話をするなら、仕事がどのくらいの付加価値を生み出しているか計算してもらわないとね。それを考えたら、今は特段わるい待遇じゃないと思うよ」
部下「いや、給料については、考え方次第だとは思いますが、もらっている以上のことをこなしていると思うんです」
上司「給料の金額によってやる気が出たり出なかったりという人に、会社が合わせるわけにはいかないなぁ」

まるで心が通じ合っていない会話だが、演習ではよく生じるパターンだ。

会話が下手な上司の特徴は、非常によくしゃべることだ。ほとんどすべて、上司が話してしまうことすらある。

これが、相手の感情について言及できるようになってくると、自然と相手の話を聞く時間が増すものである。したがって、上司が、部下の感情について触れることができている場合は、自分自身はあまり長くはしゃべっておらず、代わりに部下がたくさん話しているものだ。

よい例1

それでは、部下の感情について話すと、どういう言葉をかけることになるか見ていこう。

部下が、「新入社員の指導や世話係のようなこともしていますが、これについて特に評価されてないように思えています。私がそれを担当していることを知らない人が、ほとんどのような気もします」と話した場合、どんな返答が考えられるだろうか。

上司がそれを知らなかったら、正直にそう言えばいいし、それを正当化する必要もない。その部下を本当に大事に思っていたら、どんなことを口にするだろうか。

たとえば「それは知らなかったよ。君の周りの人も知らなさそうなのかな」と言うだろう。そして、部下の気持ちを察して、「やりきれない気持ちだったろうね。いつからそうしていたのかな」などと話すのではないだろうか。

部下「もう半年前からです」
上司「新入社員は扱いが難しいこともあるよね」
部下「ええ、そうなんですよ」

こんな話になったら、部下にはさらに、言いたいことをすべて話すよう促せばいいのだ。部下を心配していれば、「全部一人でやっていたのかな」「困ったときはどうしていたの」といった言葉が出てくるはずだ。

多くの上司が、部下が冒頭のように述べたときに、「それはたいへんだったね」の一言で済ませてしまい、「解決案」などを話しはじめるので、部下は満たされない気持ちが続く。その結果として、上司には心を開かないし、ましてや、上司に好感を持ってもっと協力的になろうという気持ちなど抱けない。

しかし、上司に気持ちを察してもらって共感してもらい、気持ちが満たされていれば、多少のことがあっても遅刻などしないように努めるものだし、上司にわるいと感じたら、自分から謝ってくるものなのだ。

よい例2

もう一つ、よい例を見てみたい。

部下が「一人で新入社員を手取り足取り指導して、結構ストレスがたまります」と言った場合はどうだろうか。

部下の感情について話せる上司なら、たとえば、「いろいろと面倒を見てくれて、たいへんなことがあるんだね」と言うだろう。

それができない上司は、「それは誰でも同じだろう」「君がやらなきゃ、誰がやるんだ」などと「反論」し、何が正しいかを主張する。それにより上司は、自分を「プロテクト」しているようにも見える。

「話を聞いて、わるいことをしたと思ったよ」「そんなにたいへんな思いをしていたなんてね。人に話せないこともあったんだろうね」と言えるようになれば、だいぶよくなってきている。

上司は、本当はこの部下よりもたいへんな仕事をしているはずなのだが、「自分の仕事はもっとたいへんなんだ」と言っても、仕方のない場面だ。

上司は、できるだけたっぷりと時間をかけて、部下の話に耳を傾けよう。部下の持つ問題に対して、答えや「解決案」は必要ない。部下の気持ちを理解し、それを伝えるのが大切だ。「あいさつと返事」で学んだことを思い出し、「しっかりと聞いて、きちんと取り合っている」ことがわかるように返答するのだ。

その場で話の結論を出す必要はない。部下が今後どうするかについても、上司から言うのではなく、部下自身に話してもらうようにしよう。遅刻がよくないことなど、部下もわかりきっているはずで、話を聞いてもらい、感情が満たされたら、どうするつもりかは自分で話し出すものだと思ってよい。

ここまで理解できたら、部下が「月に何十時間も残業があるんです」と言ったときには、どういう返答をしたらいいか、わかるだろう。

ここで上司は、部下の気持ちを満たして、自分のライカビリティを高め、部下に協力的になってもらおうとしている。わるい面を指摘することや、何が正しいかを述べることは、部下の話を聞く目的ではないのだ。

そのため、「何で何十時間にもなっているんだ」と詳細を聞いても、話は好ましい方向には進んでいかないだろう。

ライカビリティで部下の気持ちを引きつけられない上司は、なぜ残業が多いかを聞いて、「その問題にはこう対処して、この問題については、こちらで検討するから」などと述べて、話を終わらせてしまう。そして、「遅刻はもうしないように」と言うだけだ。

こういう上司と話しても、部下は上司が自分のことを気にかけていると感じることは難しい。上司が話をどこへ持っていこうとしているのか、自分をどう扱おうとしているのか、話をはじめたときから見えているのだ。

何度でも繰り返すが、ライカビリティを上げたければ、人が物事を感情で決めることを忘れてはいけない。人はいつでも、認められたい、大事にされたい、気にかけてほしいと思っている。

したがって部下が、上司に「月に何十時間も残業があるんです」と伝えたときに、上司から「何でそんなことになっているんだ」と聞かれても、嫌になるだけだ。「たいへんなのに、よく我慢していたね」と言われてはじめて、この上司には心を開いてもいいかもしれないと感じはじめるのだ。

ライカビリティでどんな会話に変わるか

最後にもう一つ例を見てみよう。まずはわるい例。すぐに、よくない例だとわかるのではないだろうか。

上司「遅刻が多いようだけど大丈夫かな」
部下「最近は体調がわるくなって遅れることがあります。いつも夜遅くまで仕事になってしまって」
上司「それで体調がくるっているのかな」
部下「明らかにそうです」
上司「それはたいへんだから、体調がわるいようなときは教えてね」
部下「はあ」
上司「他には何か困っていることはあるかな」

部下「給料ですが、いろいろ担当することも多くて、給料以上の仕事をやっていると思うんですが、わかっていただいていますか」
上司「無理してもらっている面があるよね。それはすまないと思っているよ。これからは仕事の割り振りを……」

これが相手の感情について話せるようになると、同じ会話がこんな風に変わってくる。

上司「遅刻が多いようだけど大丈夫かな」
部下「最近は体調がわるくなって遅れることがあります。夜遅くまで仕事になっていて」
上司「体調がよくないの？　いつも遅くなってるからかな」
部下「明らかにそうです」
上司「ああ、それは知らなかった。会社が無理をかけていたんだね」
部下「はあ」
上司「いつ頃からそんな感じなのかな」
部下「2カ月くらい前です」

上司「そんなに前からかぁ」
部下「ずっと仕事で遅くなっているんですよ」

この後に、部下が「そんなことも知らなかったんですか」と言ってくるように思えても、上司はここで、自分を「プロテクト」してはいけない。「部下の不満は、当然、きちんと聞く」という姿勢が、部下の感情を満たすのだ。部下は上司にプロテクトされては満足できない。

おそらく、帰りが遅くなっているのはこの部下だけではないし、上司自身も同じかもしれないが、ここは部下を相手に「反論」するところでもない。

今、私たちは、相手をやる気にさせようとしているのだということを、忘れないようにしよう。何かを「解説」したり、「私の話」をはじめたりもしない。部下は上司から「評価」されることも求めていない。

上司は部下の気持ちを理解する言葉をかけて、感じていることを全部話させるべきなのだ。

演習では、上司役の人たちに、ライカビリティを高める話し方の原則――「６つの返答パターン」「話し方の４つのパターーン」「あいさつと返事」を意識してもらい、間違えながらも部下との話に慣れてもらう。すると、失敗を繰り返しつつも、少しずつコツをつかんでいく様子を見て取ることができる。

誰に対して話すか——相手以外の人も聞いている

言うまでもないことだが、私たちの姿は、自分が意識していない人たちにも見られているし、話していることも他の人に聞こえている。

人が口にすることのパターンは、何となく聞いているだけでも十分にわかるもので、会話に参加していなくても、話し手が「6つの返答パターン」「話し方の4つのパターン」のどのパターンで話しているのか気づくものだし、どんなふうに「あいさつと返事」をするかも感じ取れる。それだけで話し手に好感を持ったり、逆の感情を抱いたりもするものだ。

会話ではないときも同じことが言える。フェイスブックなどのソーシャルメディアにどんなことを書いているかで、ある程度、その人の性格が読めるだろう。書いている人が読者として意識していない人たちも、それを感じ取っているのだ。

ソーシャルメディアに本当の自分をそのままさらけ出す人は少ないだろうが、頻繁に人の悪口を書く人や、いつもぼやいている人などは、そういう性格と思われてしまう。読み手が、書き手が意図したこととは異なる印象を受けていることも多い。

「映画でもどうですか？　とお誘いいただき、新宿へ足を運びました」と書いている人がいるとしよう。本人は、「こうして異性に誘われることは、自分にとって日常的なこと」と思われたいようだ。

しかし、これを読んだ人は、「めずらしく誰かに誘われて、よほど嬉しかったんだな。それにしても思わせぶりな書き方だな。人に言いたくて仕方がないんだろう」と思うかもしれない。そして、書き手が読み手として意識していなかった人たちも、同じことを感じるのだ。

他の例で言えば、ネット書店の書籍のレビュー欄に、購入者から批判的なコメントを書き込まれた著者が、それに対してコメントを書き返していることがある。

購入者のコメントがいかに的外《まとはず》れかを丁寧な言葉で指摘していたりするが、これを第三者が見ると、「そんなことに著者が反応するなんて、ムキになって大人気《おとなげ》ない」と感じたりするものだ。

著者は面目《めんもく》を取りつくろおうとコメントを書き返し、おそらくそれは、内容的にも正しいのだろうが、それを見た人は、著者が「反論」か「プロテクト」をしているとしか捉えない。批判に対しては、むしろ大らかな態度を取れるほうが、成熟した大人の対応であり、好ましいと思われるものである。

私たちはいつでも、話し相手以外の人も話を聞いていて、それらの人たちも、話し手に好感を持つかどうかを感情で決めていると、認識しなくてはならない。

彼らも、話の内容が正しいかどうかで、好感を持ったり持たなかったりするのではない。いくら言っている内容が正しくても、「私の話」や「反論」などをしているだけでは、周りの人たちも誰も好感を持ってくれないと考えるべきだ。

たとえば、ケーキ屋の店員が接客をしていて、手を抜いているつもりはないのだが、客から「おい、もっと速くやってくれよ」と言われたとしよう。

このときに店員がする返事は、その客だけが聞くわけでなく、他の客たちも聞いている。そのため「もっと速くやってくれよ」と言われることが理不尽に思えるような場面であったとしても、そこで「反論」してしまっては、店員も「何かあれば反論してくる人」とのレッテルを貼られかねない。

「一生懸命やってますから」と、反論には聞こえない程度に答えたとしても、「私の話」に分類されるような返答に捉えられてしまうかもしれない。

こんなときには、ただ謝るか、それ以外なら、客の気持ちについて触れるような返答をしなければならない。「す、すみません。お待たせしまして」といった返答になるだろう。

ここでまた、さらに何か言われそうでも、自分を「プロテクト」するようなことは述べるべきではない。「プロテクト」しようとする人は、好感を持たれないからだ。

「お待たせしてすみません」と言い、無理を言われながらも頑張って接客した店員には、周りの人も同情、共感し、見ていて好感を抱くものだ。少なくとも、わるい感情を持ったりはしないだろう。

苦情に答える

企業などにおけるライカビリティの研修では、人から苦情を言われたときに、他にも人が聞いているという前提で、それに答える演習を行なっている。

受講者には、たとえば居酒屋の店長の役をしてもらう。客から言われる苦情は、「まずい」「新鮮ではない」といったことだ。客は腹を立てており、店長の言葉尻を捉えて、嫌なことを言ってくる。

本書でカバーしてきたくらい、しっかりと「ライカビリティを高める話し方の原則」を説明してからであれば、店長は、どのように客の感情に触れたらよいかをじっくり考えて話そうとするが、あまり説明していない段階で演習をするときには、客と言い争いのようになってしまうことも多い。

研修中の演習なので、険悪なムードになるわけではなく、むしろそうした反応に、受講者全員が大笑いしつつ進むことが多いが、やはり店長役の人は、何が正しいかを一生懸命に主張する傾向がある。

そのため、「まずかったのはどの料理のどの部分だったのか」と詳細を聞き続けることで、もめていることを他の客にも必要以上に聞かせることになったり、「新鮮でないというのは、適切な指摘ではない」などと、客に向って反論をはじめてしまうことも多い。

また、そこまででなくても、客の感情に触れる言葉をかけて、上手く謝り、問題を大きくしないようにすることを、思うようにできるわけではない。

演習では、カスタマーサービス責任者に対して、「対応がめちゃくちゃだ」「無責任だ」との苦情を浴びせたり、自動車部品メーカー役員に対して、「なぜ下請けをいじめるのか」「彼らが泣いていることをどう思っているのか」という根拠が曖昧《あいまい》な質問を投げかけたりして、そうした際にどんな受け答えが適切なのかを考える機会としている。

これは多くの人たちにとって、日々の業務と直接関係していることでもある。

自動車部品メーカー役員の役を担当した人が、「下請けをいじめているのか」と聞かれて、「もっと具体的に言ってもらわないとわからない」とケンカ腰になって反論めいたことを述べることもあるし、つい「私は現状をよく知らない」と答えてしまうこともある。これでは、周囲で聞いていた人たちもおもしろがって、その話を噂としてさらに広めてしまうだろう。

部長役の人が、「セクハラがあったという噂ですが」と言われて、「私は聞いていませんが、噂があるということは、あったということかもしれませんね」というように、話しても仕方がないことを口にすることもある。

どれも適切な答え方とは言いがたいのだが、とはいえ、苦情に対応している人も、もちろん話をこじらせようと思って言っているのではない。苦情を述べている本人にも、周囲で聞いている人たちにも好感を与え、信頼を得られる返答をしようとしているのだが、上手くいかずにズレてしまうのだ。

演習は、受講者たちが、「上手に受け答えをするためにはよく考えて練習をすることが必要だ」と理解してくれるだけでも、かなり有意義なのである。

客の言うことを真摯《しんし》に受けとめて、誠実に対応したいという気持ちがあれば、「話し方の原則」を押さえて訓練することで、客にも周囲にも誤解を与えない話し方ができるようになっていくだろう。

解決に時間のかかるケース――ライカビリティの低い風土のある組織

ライカビリティを用いて解決することはできても、そこまでに非常に時間のかかることは多い。それにはどんなケースがあるか、少し例を見てみよう。

第1章で、「原則」と「バックグラウンド」を知り、それらを実践すべく「How to」を学んでも、ライカビリティの低い組織では、原則を適用するのは困難であることを述べた。

お互いに励まし合って、自信を持って業務にあたろうとする風潮がないと、新しく何かを推し進めるのは難しいのだ。

たとえば、改善活動を行なおうとしても、前向きに物事を動かす土壌がないところでは実施しにくく、まずは組織の体質を変えていく必要がある。そのため、成果を見るまでには、かなり長い時間を要する。時間がかかるだけならまだしも、ライカビリティを無視して無理やり推し進めることで人が傷ついたり、その上、改善活動も根づかず、結局はムダな活動となることもある。

これから挙げるような例を見ると、ライカビリティを用いて改善活動を軌道に乗せるのも、必ずしも簡単ではないことがわかるだろう。

日常の業務とまったく同じように、改善活動でも、人が口にすることによりモチベーションは上がったり下がったりする。したがって、誰もが常に「ライカビリティを高める話し方の原則」を意識すべきである。人を認め、大事にし、気にかけていることを示すことが、物事を前向きに動きやすくする。

だが、次の例のようなケースでは、なかなかそれがスムーズに進まない。

ある工場で業務を観察していると、月末の棚卸《たなおろ》しで在庫部品を数える作業が真面目に行なわれていないことがあった。一部の作業者がきちんと数量を数えないのだ。

作業者が不真面目といえばそれまでだが、なぜこうなってしまうかというと、作業者が普段から、職場の管理者から「認められている」「大事にされている」「気にかけてもらっている」と感じておらず、むしろ逆の扱いを受けていると思っており、やる気がなくなっているからだということがわかった。そのために、棚卸しだけでなく、他にも手を抜いている作業がある。

あってはならないことだが、こういう作業者は、ライカビリティの低い組織にはよくいるものだ。

こんな作業者が、では、ライカビリティの高い組織で「認められている」と感じれば、真面目にやるようになるのかというと、確かにあやしい面もあるのだが、ライカビリティの低い組織で心を開かない状態のままでいると、部品の数量を数えるのを面倒に思っていることは隠したまま、適当に作業をして、それを黙っているようになる。

不満があっても、自分のことを理解してくれる人がいる環境だと、同じ作業者が、文句を言いながらも一応はきちんと作業をしたり、適当にやっても、それを誰かに話したり、あるいは示唆《しさ》したりするものだ。

ある海外の工場では、一部で不真面目な作業が行なわれていることを、同じ現場の誰もが知っていることもあった。意外に思えるかもしれないが、手を抜いた作業をしても、作業者がそれについておおっぴらに話していたりするのだ。

会社にとってよくないことを行なうことも、それを隠すことも、ライカビリティの有無に関係なくやってはいけないことだが、実際にはよくある。

作業者が、ただ横着なケースとは別に、きちんと仕事をしないことや、不正をしてそれを隠すことが、「自分を大事に扱わない組織や上司への反発の方法」になってしまっていることも多い。

そんな場合、従業員は、改善活動を推進するという方針を聞いても、上司の手柄《てがら》になりそうなので協力するのをやめようと考えてしまっても、まるでおかしくない。

やらないと意思表示をするのか、やると言っておいてやらないのかはわからないが、風土とはこういうものであり、このような状態が、前向きに物事を動かす土壌のない状態の一例だ。こんな風土を変えるには、相当時間がかかるのがわかるのではないだろうか。

新しい従業員が入ってきても、こうした風土に染まってしまうこともめずらしくないのだ。

ライカビリティの高い職場と低い職場——管理者により上下する

同じ工場の中でも、ライカビリティの高い職場と低い職場では、次のような違いが生じる。

これは、日本企業の海外工場の部品加工を行なう職場CとDにおいて、実際にあった例だ。

CとDには、それぞれ別の日本人管理者がいるが、Cの管理者のライカビリティは低く、ハラスメント的な言動も多くあり、現地従業員から好かれていない。一方、Dの管理者のライカビリティは高く、現地従業員からの信頼も厚い。

職場Cでは、改善活動と聞くだけで、従業員が拒否反応を示す。

改善活動というのは、仕事がしやすくなるように、職場環境や仕事の進め方を改善し、業務パフォーマンスの向上を目指す活動だ。したがって、その活動により自分たちの仕事がラクになることも期待できるのだが、こうしたことを知る以前から、従業員が反発をはじめてしまう。

Cの現場責任者は、日本人管理者に大事にされていると感じているどころか、管理者を自分の敵のようにさえ思っている。表面的にはそうした感情は出さないが、普段から、何かと無理を押しつけられていると思っているため、改善活動に取り組む前に、セミナーなどに参加して改善について学ぶように言われた時点で、「そんなことをやってたまるか」と怒りを感じているような有り様だ。改善活動を学ぶ費用も時間も会社が工面してくれるにもかかわらず、まったくやる気にはなっていない。

この現場責任者は、日本語ができて勤続年数も長く、現場の責任者として十分に業務をこなしているため、日本からの出向者にとってはありがたい存在だ。

Cの日本人管理者と折り合いがわるいことは周囲も知っているが、簡単に代わりになる人は見つけにくいような人材だ。これは日本企業の海外工場などで、割合によく見るケースである。

現場責任者は現地の従業員たちをよくまとめ、信頼もされているので、その気になれば改善活動くらいはできるのだが、日本人管理者のために骨を折りたくないという気持ちが強い。

一方、職場Dの日本人管理者は、従業員たちの間で人気が高く、職場には「仕事をするのが楽しい」という雰囲気がある。従業員は普段から、日本人管理者に認められ、大事にされ、認めてもらっていると感じているため、ときには叱られることもあるのだが、たいていのことは前向きに捉えることができる。

Dには、現地従業員で日本語を話せる人材はおらず、日本人管理者も、現地語や英語は得意ではないが、意思の疎通はできていて、日本人管理者が日々の仕事にタッチしなくても、現地従業員だけでこなせるよう業務移管もされている。

この職場では、改善活動という話が出たときに、現地従業員は改善そのものについては自信がなさそうだが、「よくわかりませんが、やってみます」という前向きな姿勢になるのだ。なぜそうなれるかというと、やってみようとすると励ましてもらえる風土があるからだ。これが、従業員同士がお互いに励まし合って、自信を持とうとしている職場の強みだ。職場

Cのように、指示を受けてやらされ、報告させられ、それでも大事にされていないという意識はない。

CとDの違いは、上司である日本人管理者のライカビリティの違いにより生じている。実際の職場で観察していると、それが明らかなのだ。

特に、日本企業の海外法人で採用された現地従業員にとって、日本から来た自分の上司がどんな人で、自分たちをどう扱ってくれるかは重要な問題だ。

大事にしてもらえたら嬉しいし、そうでなければ、がっかりしてやる気を失っても不思議はない。反発したくなったとしてもおかしくないのだ。

管理者が代わることで、職場の雰囲気も一気に変化するようなことがあればいいが、そうでなければ、好ましくない体質に染まった組織を変えるのは容易ではない。ライカビリティを高めて物事を進めやすくするのは、たいへんな仕事になるだろう。

人材の能力の限界とライカビリティ

好ましくない組織の体質とはどんなものか、工場以外での例を挙げてみよう。

かつて私が勤めていたメーカーでの話だが、私は海外事業部に所属していたため、上司から翻訳を依頼されることがよくあった。

あるとき、結構な分量のある英文の冊子を和訳するよう指示を受けた。私以外にも数人に振り分けられていたようで、そのうちの一人は私よりも若く、経験も少ないため、難しい内容の翻訳ができるかどうか心配もあり、様子を見ていた。

内容に目を通すと、その社員の担当分は、後半部分が特に難しそうだったので、大丈夫かなと思っていたが、指定された納期日までに特に質問もしてこなかったので、本人に進展状況を聞いてみた。すると、「あっ、あれ、後半はよくわからなかったので、適当にやって出しちゃいました」と言うのだ。

私はこの返答に、ひっくり返るほど驚いた。この社員は、大学の学部で英文学を専攻したということで、留学の経験もあったらしいが、実際のところはたいした英語力を持っているわけではなかった。どんな分野でも実力の低い人はいるので、それは別に大きな問題ではないのだが、振られた内容がわからなくてもそう言わず、ごまかして終わらせて黙っているところが、たいへんに大きな問題だった。

また、普通の社員は退社する時間になると、「失礼します」と周りに声をかけて帰宅するものだが、この社員は、自分より年上の社員がいるような場合には、一声かけて帰るのではなく、彼らが席を外したような隙《すき》に、スッといなくなることで知られていた。仕事中に机に近づいていけば、それまで開いていたウェブの画面をクリックして最小化して、仕事をしていたようなふりをする。おそらくネットサーフィンでもしていたのだろう。そんなことを日常的に繰り返している。

そういったことには気づいていたが、しかし、さすがの私も、この社員が「よくわからないときには適当にやって出す」ような仕事の仕方をしているとは思っていなかった。いったいどうすれば、そんなことができるのだろうか。世の中には客にさえウソをつく人はいるので、それほど驚くのもおかしいのかもしれないが、あまりの不誠実さに、このときは私も非常に気分がわるくなった。よく考えれば、それまでのその社員の行動から、彼にとってそうした行為は特別にめずらしいことではないと感じ取れたからだ。

私は、すぐに上司にそのことを伝えにいったのだが、じつはその上司の返答にも面食らってしまった。

上司はその話に特に驚きもせず、こう言ったのだ。

「いいよ。あの部分ははじめから必要ないから。あいつに(翻訳なんか)できはしないだろう。受け取ったものも読んでいないよ」

よく意味が捉えられなかったが、どうやら同じものを数人に翻訳させたか、どこかから頼まれたものを、それこそ適当に人にやらせたようだ。

私は、何が起こっているのかを知らないのは、もしかすると自分だけなのかもしれないと感じた。若い社員は、「自分がどんな扱いを受けているか」を知っていたとすれば、真面目にやる気は起きなくても仕方ないだろう。しかし彼は、それを知らないはずなのに「適当にやって出した」のだ。いや、もしかすると、そんな風に投げやりにならざるを得ないことが、以前にもあったのだろうか。

上司のほうも、このように部下のしたことを知れば、以降もライカビリティを持って接したいなどと思えるものではない。大事にしたいと感じることはないだろう。

これは、まさに「お互いを励まし合うような関係性のないところ」で起きていたことだ。風土の問題、体質の問題と言えるだろう。あるいはライカビリティの問題というよりも、むしろ人材としてどうなのかという話にも感じるかもしれない。業務への対応能力の有無の問題にも思えるだろう。

しかし、仕事をするときには、「能力の問題」と言って済ませられないところがたいへんな点なのだ。「能力が足りませんでした」と言って、仕事を終わりにすることはできない。部下に能力が足りないとわかっても、少なくとも当面は一緒に仕事を進めなくてはならない。

皮肉なことだが、能力的に十分でない人材とやっていくときに、私たちにできるのは、能力が足りないと責めたり、あきらめたりすることではなく、ライカビリティを用いて、相手に「できるだけ力を発揮しよう」という気持ちにさせることなのだ。

それが簡単にできるとは決して言えない。むしろ、かなり難しいと思うのは私も同じだ。しかし、経験上、何とかそれに取り組むことが、一つの現実的かつ適切な対処の仕方であると思う。だからもし、同じような場面に直面した人がいるようなときには、できるだけ努力して、自己のライカビリティを高めるようにして、その困難を乗り切ってほしいと思っている。

第４章　原則を活かすための注意点

さて、本章では、ライカビリティを高める話し方の原則――「6つの返答パターン」「話し方の4つのパターン」「あいさつと返事」を学ぶときに、付随して生じやすい疑問や、関連して考察すべき事柄をカバーしていきたい。

誤解しやすいポイント①――アメリカ人の「自己主張」?

私がアメリカへ行くための下調べをはじめた10代の頃には、留学のガイドブックなどにはよく、「日本人はアメリカ人に比べて自己主張しない」と書かれていた。

「日本人はイエスかノーかをはっきり答えないので、意思が伝わらないことがあるし、自分の考えていることを口にしないため、現地の人たちに『何を考えているのかわからない』と思われがちだ」などと書かれていることが多かった。このような話は、アメリカへ出向く人なら誰でも、一度は聞いたことがあったのではないだろうか。

私もアメリカへ行ったばかりの頃、ホームステイ先で「コーヒーを一緒に飲みたいか」と聞かれて、「いただきます」というつもりで“Thank you.”と答えたところ、イエスかノーかどっちだと聞き返されて、どこかで読んだのとまったく同じだと思い、笑ってしまったことがある。

とはいえ、「考えていることを口にしない」というのは、今のようなケースを言うのではなく、次の例のような場合だろう。

いつも勧められると普通のコーヒーを飲んでいる人が、じつは自分は「decaf」（デカフェ、カフェイン抜き）のコーヒーが好きで、自分一人の時にはカフェイン入りコーヒーは避けていたとする。

それなのに、それをホームステイ先の家族には伝えず、家族と一緒のときにはカフェイン入りを飲んでいて、後になって家族がそのことを知り、「なぜ『decaf』がいいと言わなかったんだ。そう言ってくれればいいのに」と当惑したというような話だ。

もちろん日本人だけがこういう遠慮をするわけではないし、カフェイン入りかどうかということなら、どちらでもいいような話だが、何も言わないでじっと我慢している様子が不自然に見えるわけだ。

しかし私は当時から、こんなことを自己主張というのかと違和感を持っていた。

「コーヒーを飲みますか」に対しての返事なら、イエスかノーかをはっきり伝えるほうがいい。だけれども、これは自己主張というよりも返事の仕方である。はっきりと返事をしないとわからないので、相手にわかるようにきちんと返事をしようというだけのことである。カフェイン入りかどうかのことについても同じで、どちらかといえば、これは話し方の原則の「あいさつと返事」の問題である。

それでもなぜか、こうした件に「自己主張」という言葉が使われている。私の考察では、その言葉が使われることで日本人の間に生まれた勘違いがある。自己主張するということが、「私の話」をすることと間違って解釈されているのだ。

アメリカで長く暮らす日本人の中には、「私は……したい」「私はこう思う」という「私の話」をする人が多い。

はじめてアメリカへ行ったばかりの頃には、「日本人は自己主張が弱いから、もっと『私は……』とはっきり主張しなくてはいけない」と話す日本人学生を見ることがよくあったが、こういう学生が、自己主張の意味を正しく捉えていたかどうかは、かなりあやしい。

たとえば、車を修理に出して、1週間かかると言われたときに、「今週末にどうしても車が必要なので、3日でやってくれないか」と言いたければ、そう言うべきだろう。そうした主張はしてみるべきだ。

だが、普段誰かと会話をするときにも、何かと「私は」と話すのがよいことで、それがコミュニケーションを取るのに必要な自己主張だと勘違いしている人が多いのだ。

本来は、アメリカであろうと、他の国であろうと、ライカビリティの高い話し方をする人なら、「私がどう思うか」という「私の話」は極力しないものだ。

こんなケースにも勘違いが生じやすい。

たとえばアメリカ人で、よく「私の話」をする人がいたとしよう。その人が日本人学生に、「週末にパーティーをしませんか。何時からがいいですか」と聞いて、日本人学生がはっきり返事をしないので、「こういうときには、来たいか来たくないか、何時からがいいのか、はっきり思うことを言うものだ」と言ったとする。

そして「私なら料理はメキシカンで、テキーラは持ち込まないで、ビールとカクテルだけがいいわ。カクテルはマルガリータが最高」「先週○○さんとパーティーをしたときには……」などと話し続けているとしよう。

こうして普段から「私の話」をする人が、「アメリカでは、自分がどう思っているかを話すのが普通で、君たちも思ったことはきちんと話すべき」と言ったとしたら、アメリカでは思ったことを話すのがよいとされていると勘違いする人が出てくるのだ。

そうすると、「私の話」を英語でもガンガンできるのが国際的で、「私の話」をしないのは自己主張ができない日本人、といった誤解をする人も現れる。

「私の話」をすることが、きちんと返事をすることと同じような、正常な会話の仕方と勘違いをしている人は、「私の話」を聞かせることは人の迷惑になるとは考えていないため、遠慮なくそれを続けてしまう。

つい先日も、知り合いとバーのカウンターで話をしていたところ、隣に「私の話」をするアメリカ人が座った。知り合いの知り合いのようで、はじめて会った私がその風体を見て、「キース・リチャーズかと思った」と冗談を言って、ローリング・ストーンズが好きな私の知り合いがミック・ジャガーの名前を挙げた途端に、キースに似た男の演説がはじまった。

ミックはどんな性格の人か、自分はストーンズのライブを何回観たか、気に入っているアルバムは〇〇だ、といった「私の話」だ。

私は話しかけたとはいえ、それまで知り合いと大事な話をしていたので、すぐに上手く話を打ち切らせたが、こういう人がアメリカ人で唯一の知り合いだったら、アメリカ人の自己主張という表現を聞いたときに、「それは彼のように話したいことを一方的に話すことだ」と勘違いをする人がいてもおかしくはない。

ミックやストーンズの話を延々としはじめたアメリカ人は、自己主張をするアメリカ人ではなく、「私の話」をするただの酔っ払いなのだ。

今後、「アメリカでは自己主張を……」という話を聞いたら、それは「あいさつと返事」についての教訓だと捉えるのがいいだろう。それは決して、「私の話」をすることではないと認識すべきだ。

アメリカだろうと、他の国だろうと、「私の話」などは歓迎されるものではない。だが、どこの国へ行っても、それをする人は多いし、それが適切な会話の仕方でないことに気づいていない人も多いのだ。ライカビリティの高い会話をする人というのは、国籍などを問わず、やはり相手の感情について話すことのできる人なのである。

誤解しやすいポイント②――ライカビリティなどなしでも成功するのでは？

ライカビリティについて学ぶ過程では、「別にライカビリティなどなくても、成功する人はいるのではないか」と疑問を持つはずだ。

なぜなら、好感を与えたり、あるいは好きになられたりして人の気持ちを前向きにすることなどなく、むしろ嫌われながら成功する人や会社もたくさん存在するからだ。

確かに、成功している人の中には、ライカビリティはないと言えるような人も多い。実際に私も、そんな人や会社をたくさん知っている。事業は成功していても、従業員の間にライカビリティがなく、お互いに嫌い合っている人の多い職場もある。

私はこれまでに、従業員たちが嫌い合っているだけでなく、多くの従業員が頻繁に客の悪口をいう組織を見て、非常にショックを受けたことがある。日本人だけでなく、おそらく世界中の誰でも名前を聞いたことがあるような企業グループの人たちが、研修などで会うと、顧客の購買動向や、顧客がカスタマーサービスにコンタクトして述べたことなどを取り上げて、罵《ののし》ったりしているのだ。

はじめは、その従業員たちに特別に理不尽なことが起こり、たまたま腹を立てているのかと思っていたが、その企業グループの従業員からは、複数の異なる都市の研修会場で、顧客への悪口を聞くことがよくあった。また、一人がそうしたことを口にすると、同僚が同調したりするのだ。他の企業の人たちが聞いていてもお構いなしである。こういう体質の企業が、誰でも知っている有名企業として存在している。

客を敵とみなしているような従業員たちがいては、会社はたちまち潰《つぶ》れてしまいそうに思えるが、好かれていない人が出世することがあるのと同じように、彼らの会社も十分に潤《うるお》っているのだ。

ライカビリティなしで無理矢理すると

しかしそれでもやはり私は、社内や組織ではライカビリティを高めることを勧めたい。

ライカビリティの研修や講座では、途中で次のように書いたスライドを用いる。

「ライカビリティなしで無理矢理進めると――上手くいかないか、上手くいっても、社員は交通費をごまかし、社内でいじめが起こり、パワハラ、モラルハラスメント、うつ病を経験し、わるいことはすべて隠そうとします」

ライカビリティがないか、もしくは低いところで物事を推し進めると、成功することは可能かもしれないが、必ず嫌な思いをする人が出てきて、このようなことが起きる。満たされない気持ちや不満は、必ず何らかの形で表面に出てくる。それは同僚や上司、さらには客への悪口という形で現れることもあるし、従業員が頻繁に退職するという形になって現れることもある。

ライカビリティがないということは、お互いを励まし合って、お互いに自信を持とうという風土がなく、認められているとも、大事にされているとも、気にかけてもらえているとも感じられないわけだから、不満がたまりやすくなるということに疑問の余地はないだろう。

あるとき、月刊誌『工場管理』（日刊工業新聞社）に、興味深い内容の編集後記が掲載されていた。

「群馬県の食品工場で起きた商品への農薬混入事件の再発防止策として、会社は監視カメラの増設などを発表しました。それも重要なのでしょうが、従業員との信頼関係をいかに築くかについては、あまり触れられていない点が気がかりです。それがなければ、別の形で会社への不満が正常な生産に影響を与える不安が残ります。ぜひそうした点にも目を向けて、再生に向っていただきたいものです」（編集部より「工管レンズ」２０１４年3月号）

これは２０１３年に製造現場の従業員が起こした事件に対する食品会社の対応について、コメントされたものだが、私はこれを読んで共感を覚えた。

事件そのものについては、新聞などのニュースをフォローした程度の知識しか持っていなかったが、それらの報道に触れるにつけ、こうした事件には、従業員の持つ不満や満たされない気持ちが現れた面があるように思えていたからだ。

「監視カメラの設置」などは、対応策として必要なのかもしれないとは思うものの、そうしたことによる不満が形を変えて、別のよくない現象を生み出すかもしれないことについては、どう対処していくのだろうと考えていた。

私自身、工場の改善活動などに長年深くたずさわっているが、あらたな設備を用いてセキュリティー面を強化するだけでは、問題に対処したというには不十分と思えることが多いのだ。

決してこの会社の対応を批判したいのではなく、自分ならどういう対策を講じるか、非常に考えさせられたのである。

従業員の不満から生じたと思える事件で、これまで私が実際に見聞きした中でも最も極端なものは、会社施設への放火である。犯人は捕まっていないらしく、私も本当に犯人が会社に不満があってやったことなのかを確認したわけではないし、それ以前に、会社の人たちが犯人だと考えている人物が本当にそうなのか、真相はわからない。

しかし、これが起きたときの状況からして、原因は職場での個人的な恨みによるものと思われた。そして、たとえ恨まれたのは社内の個人であったとしても、会社にはまったく責任がないとは言えないようにも感じた。従業員の誰かが強い不満を持っても仕方がないと思えるような状況が、会社内には確かにあったからである。

その事業所では、他にも、さまざまな現象が起きていた。いじめ、パワハラ、セクハラ、相次ぐ退職。帳簿の数字が書き換えられていることなどもあった。

こうした組織というのは、残念なことに、経営層が入れ替えられ、組織のライカビリティが向上するくらいの変化を見ないと、ひどい事件が起きてからも、内情は何も変わることがない。

ライカビリティの低い組織ができる単純な仕組み

それでは、ライカビリティの低い人や、嫌われている人でも、なぜ組織内で成功できるのだろうか。典型的な例を一つ挙げてみよう。

部長が課長に、ある事業を担当させているとする。この部長は、課長が部下に好かれ慕《した》われている人材ではなく、むしろ嫌われて、パワハラといえる行為も日常的に行なっているが、自分の指示には忠実で、指示したとおりか、それに近い成果を上げてくることを知っている。

そして課長がいくら人を傷つけていようが、そのせいでうつ病になる人や嫌になって辞める人が増えていようが、見て見ぬ振りをする。

残念なことだが、こんなことが普通に起きている。あまりにも単純な話だ。このためにライカビリティが低くても、多くの人に嫌がられていても出世する課長のような人がいるのだ。そしてこういう課長の家来になるような人も現れて、一層わるい体制が強化されていく。

私も、組織の上層部が、なぜこんなにたくさんの人が傷ついて会社を次々と辞めていく状況を、見て見ぬ振りをするのかと不思議に思うことがあった。いくつもの場所でそれを見てきた。

しかし考えてみると、それには難しい理由があるわけではない。そんなことは気にしていない人が管理しているだけの話だ。もしくは、そうしたことまでケアできるほどの能力を兼ね備えていない人がやっているにすぎない。

私たちが目指しているのは、ライカビリティの高い社会であって、ライカビリティのない人に泣かされている人が存在することを、容認する社会ではない。

もともと私たちは、人を傷つけながら成功することを望んでいるわけではない。自分が無意識に人に嫌な思いをさせていて、それが自分を成功から遠ざけている原因でもあるのなら、そんな癖を直さなければと思っており、ライカビリティについて学びはじめたのだ。ライカビリティなど持たずに成功している人がいても、私たちがライカビリティを高めて成功しようと努力することは、間違っていることにはならない。

誤解しやすいポイント③――お互いを認めることは「仲よくやる」こと？

お互いを励まし合って、お互いに自信を持つとか、認める、大事にする、気にかけると言うと、とにかく仲よくやっていくことが大事と言っているように聞こえるかもしれないが、必ずしも人と「仲よくやる」ことが成功を保証するわけではない。むしろ、望んだ結果を出すためには、気持ちよく接することにあえて制限を加えないといけないこともある。

私は１９８０年代の後半から90年代の後半までをアメリカで過ごし、日本に帰国してからも、メーカーで海外事業にたずさわっていたため、出張でヨーロッパやアジアへ出向いていたことが多かった。また、もともとテレビを観る習慣もなかったために、ダウンタウンという有名なお笑いコンビの活動について、ほとんどよく知らなかった。

そもそも私は、お笑いで「人の頭を叩くスタイルのツッコミ」が客に受けることを、日本人の民度の低さの象徴のように思い込んでいたので、そうしたコメディを観たいと思ったこともなかった。

しかし近年、自分自身がもっと上手に話せるようになりたいと思い、勉強をはじめたところ、行き着いたのが松本人志さんだった。

バラエティ番組『ダウンタウンのガキの使いやあらへんで!!』（日本テレビ系）で、ダウンタウンの２人によるフリートークを観て、非常に驚くことがあった。過去の映像をたくさん観たのだが、この２人は友達ではないように見えたのだ。もちろん本当の関係については知る由《よし》もないが、まったく馴れ合っておらず、お互いにやさしく接してはいないように見える。

代わりに見て取れるのが、松本さんのボケのクオリティがもう一つのときには、浜田雅功さんが容赦《ようしゃ》しないという関係性だ。その厳しさによって、トークのクオリティが上がっているように見えた。

松本さんが他の芸人さんたちと絡《から》む番組もおもしろいのだが、ダウンタウンに見るような、「最高のものしか許されない」という緊張感は見受けられないように思う。

もしダウンタウンが仲よく馴れ合って、松本さんのボケがいま一つのときでも、浜田さんが「しゃーない。しゃーない。誰でも調子のわるいときはあるわ」と言っていたら、２人の間から最高のものは出てこないように思える。

松本人志さんと放送作家の高須光聖さんによるラジオ・トークバラエティ番組『放送室』(JFNC／TOKYO FM、２００１年〜２００９年）も、放送はとっくに終了しているのだが、最近になって音源を聴いているお気に入りの番組だ。

こちらはダウンタウンがコンビで話すときよりもリラックスした雰囲気でトークがされているのだが、一番の違いは、松本さんの喜怒哀楽に、高須さんが合わせて話すところだ。松本さんが「ええなぁ」と言えば、高須さんが「ええやろ〜」と言い、松本さんが「あかんなぁ」と言えば、高須さんが「ホンマにあかんわ〜」と言う、といった感じで進む。こうした話も楽しめて、大ファンになっているのだが、ダウンタウンの2人のときの、ケンカにさえ見える才能のぶつかり合いとは、またまったく別の種類のトークだ。こちらはむしろ、友達らしく話したときのおもしろさが出ているようだ。

仲よくやってダメになる人たちへ

仲よく馴れ合っているためにクオリティを上げられないか、むしろクオリティが下がる例は、私たちの周りの至るところにある。

第1章の「『いつでもどこでも』でなくていい」にも同じような例を挙げたが、私は会社員が馴れ合いで日々残業するのを、好ましいことではないと思っている。

会社に勤めていると、自分が失敗してその対処に遅くまでかかったときに、そうして残業している人に助けられることもあったりして、一概に否定しにくくはなるのだが、やはり、それほど必要もないのに残業して当然、といった雰囲気に合わせているよりは、馴れ合うのをやめたほうが、本人たちにとっても会社全体にとってもよい成果を望めることがある。

私は以前、勤務していた会社で、ある大先輩が話されたことに感銘を受けたことがある。

会議の後で大先輩は、「ちょっとここからは話が逸《そ》れてしまうが」と断ってから、こんな話をはじめた。

「20代の女性のみなさんだが、あなたたちは会社が終わって自宅に帰ってから、何でもいいから勉強するようにしなさい」

そこにいた全員が、いったい何の話がはじまるのだろうと思ったが、話は次のように続いた。

「家に帰ってから、たとえば夕食をとるまでの間に、毎日、自分のためになる勉強をすることは大事です。資格試験でも何でもいい。その習慣を大事にすれば、仕事も要領よくテキパキこなそうとするだろうし、定時に帰れるように仕事に取り組むようにもなります」

ここまで聞いて、すでに私はその話にとても感心していた。

当時、そこにいた若手女性の多くは、失礼ながら、おそらく毎日勉強するという習慣は持っておらず、連日、だらだらと定時以降も事務所にいて、それがだらしないという意識も持っていないように見えていた。

大先輩は、常に紳士的でやさしい人だったが、もし言葉を選ばない人が同じことを話したら、「毎日簡単な仕事をグダグダやっていないで、その程度のこと、もっとテキパキやったらどうだ。昼間は私語ばかりで、得意分野があるわけでもなく、何の勉強もしていない。親や家族の面倒を見ているわけでもないだろう。そのだらしない生活と仕事の態度を何とかできないのか」と言っていたかもしれない。

私も自戒を込めて言うが、だらしのない大人は本当に多いもので、若い人たちに面と向って改善を促すアドバイスのできる人も少ないように思う。同じことに気づいていて、また自分の仕事の仕方に自信があったとしても、後で陰で何か言われたり、女性たちが自分たちを正当化するために反発などしてきたら面倒であるから、なおさらだ。

大先輩が注意する姿は立派に見えたし、私自身も、聞いていて非常に勉強になった。

誰でも、今やっていることがよくないと言われれば気をわるくすることもあるが、こうした助言がレベルを高めてくれることも多いのだ。

ぶつかり合った後で、よいものが残るケース

これも第1章で触れた「ラウドネス」のシンガー・二井原実氏の話だ（自分の趣味の範囲の話ばかりで申し訳ない）。氏がアメリカではじめてレコーディングをしたときには、英語の歌詞を歌うのにかなり苦労されたようだ(その前のイギリス録音では日本語で歌っている)。

前出の著書やブログでの回想録によると、プロデューサーのマックス・ノーマン氏はかなり厳しい人物で、クオリティを高めるためには容赦なくダメ出しをする人でもあり、レコーディングではいつもヘトヘトになったというのだ。

以下は二井原氏のブログからの引用である。

プロデューサーには二通りいて、何もかも意のままにコントロールするタイプと、バンドの一員となるタイプと。

マックスはまさに前者であった。

バンドはこの初めての状況に戸惑った。(中略)

困難なレコーディングになるのは火を見るより明らかだった。

通訳で来ていたジョージ吾妻さんは、マックスの吐き出す言葉をダイレクトに浴びていたのだが、後日僕に漏らした。

「お前、マックスの言うことをそのまま直訳してたら、お前らとマックスは大喧嘩になってただろうな…とてもじゃないけれど直訳なんか出来ないよ…。」（中略）

しかし今から思うと、バンドとプロデューサーとは本来こんな関係なのかもしれない。

時に真っ向から対立し、時にプロデューサーと共に奇跡を起こす。

（『ラウドネス二井原実BLOG「R&R GYPSY」』２００９―12―25「マックスとの出会い」より）

"realove ♪…"
（この一行にもう数時間かかっている…！これでは1曲に一週間はかかりそうだった。
絶望的だ…もう…うんざりだ!!
俺には無理だ…英語で歌うのは不可能だ…。（中略）
僕はもう泣きそうだった。
いや…泣いていた。
マックスの容赦ないダメ出しについていけなかった…。

（『ラウドネス二井原実 BLOG「R&R GYPSY」』２０１０—04—24「苛立ち…涙」より）

これはラウドネスのアメリカでの第1作目であるアルバム『サンダー・イン・ジ・イースト』（１９８４年録音）のレコーディング時のエピソードだ。マックス・ノーマン氏とラウドネスが、馴れ合うよりはぶつかり合うことで優れた成果を挙げた例に思える。

気分がよいかは別の話

ところが、こうして人の経験談を聞いているときは、おもしろいストーリーとして楽しめる話でも、自分が「ぶつかり合う場面」になると、余裕で構えていられないこともある。

最近のことだが、私は経営コンサルタントの大前研一先生の著書『大前研一の今日から使える英語「自信がない」ビジネスマンにすぐに効く英語のコツ』（小学館、２０１４年）の一部をお手伝いした。

以前、大前先生の「スカパー！ Business Breakthrough Ch」で番組を担当させていただいたことがあり、その番組の内容を、少し書籍でも採用していただけることになったのだ。私にとっては非常に光栄な機会で、スタッフのみなさんや編集者さんとも協力して、担当の部分を仕上げた。

私の原稿にはもともと、信頼できるネイティブのチェックも入れてあり、また関係者は英語にも明るい人たちばかりなので、クオリティ面での心配はまるでしていなかった。

それでも編集者さんからは、このプロジェクトで別途依頼したネイティブチェックの会社から、一応の指摘としていくつかの点が挙げられています、という連絡をいただいた。慎重に作業を進めることは大事なので、私もその会社からの指摘をすべて確認し、幸い、内容的には承知していることばかりだったので、指摘も確かに間違っていませんが、修正はなしで大丈夫ですと、折り返し連絡をしたのだ。

英語学習の書籍は数多く執筆してきたが、このように最終的に著者がＯＫを出せば、そのまま採用されるのが普通だ。しかしこのときは、私の返答に対して、ネイティブチェックの会社から再度検討の要請があったということで、あらためて見直しを求められた。

そうしたことが何度か繰り返しあって、話し合いの結果、いくつかの箇所は掲載しないほうが無難だということで落ち着いた。

かかわっているすべての人が紳士的で、編集者さんに至っては、「これは間違いを探すという意味ではなく、複数の厳しい目で見てレベルを高めるという趣旨ですので、どうかよろしくお願いします」と丁寧なメッセージをいただくほど気を遣ってもらっていたが、何回にもわたり、お互いに再度確認してほしい点を指摘し合う作業が気持ちのいいものかと言えば、そうとは言い切れない。

しかし、これは変に馴れ合わず、入念に確認し合い、レベルを向上させた例である。本が完成してから見返してみても、最終的に落ち着いた形が妥当だったと思えているのだ。

注意するポイント①——ネガティブに聞こえる発話

さて、次は、話し方の原則を実行する上で注意するポイントとして、返答や話し方がネガティブに聞こえる言葉を見てみたい。もともとは何かを否定するときに使うこれらの言葉を、どんな話をするときにでも使う人がいる。

ライカビリティを高める話し方の原則の中では、「6つの返答パターン」の中の「反論」が最も否定的だが、それ以外の話し方をしているときでも、ネガティブに聞こえる言葉を発すると、それだけで好感度の低い嫌な話し方になることが多い。

いくつかの例を見ていこう。こんな言葉に、聞いているほうはうんざりしてしまうものだ。

◇「いや」

「いやっ」「いやぁ」「いやいや」などと言ってから話す人だ。

こういう人に、「あの事務所はこの時間でも電話つながるのかな」と問いかけると、「いやぁ。どうなんでしょうねぇ」と返事をする。その後に「電話してみたらわかるんじゃないですかぁ」と続けたりする傾向もある。

「いやぁ」などと言って話し出すことは、じつはかなりみっともないことで、聞く人が聞けば、話し方の教育を受けていないことがわかる。そのため、たとえば会社の社長は、こういう人を秘書に選んだりはしないものだが、職場でもそれ以外の場所でも、相手が誰だろうと関係なく、「いやぁ」と言ってから話し出す人はじつに多い。

人に「ノー」と言うのは、基本的に失礼なことであるから、たとえば「パスポートの更新って、会社が費用を負担してくれるのかな」と聞いた人がいれば、答えがノーであっても、「それなんですが、一応規則としては……となっているようですので、残念ですが」という具合に、「いや」とか「いいえ」という言葉は使わず、できるだけソフトに説明するのが礼儀である。

つまり必要のないときには、こうした否定的な言葉は極力控えるようにするのがマナーなのだが、「……負担してくれるのかな」に対して、「いやっ……確かダメだったと思います」という返答をしてしまう人は多い。特にわるい話し方だとは意識せず、遠慮もなく言っているようだが、注意が必要だ。

口癖のようになっている人もいて、「休日は何をしていますか」と聞かれて、「いやっ、いろいろと出かけたりもしますけど」などと答える人もめずらしくない。「好きな食べ物は何ですか」「いやっ、何でも食べます」という話し方。これが普通になってしまっているのだ。

スポーツ選手を見ていても、インタビュアーに何を聞かれても（たとえ賞賛の言葉をかけられているときでも）、「いやぁ」とか「いやっ」と言わないと話し出せない人もいる。「プレッシャーはありましたか」「いやっ、あったといえば、ありました」といった具合だ。

これも頻繁に耳にするので、きちんと述べておきたいが、職場で人と会話をしているときに、「いやいやいやいや」などというフレーズは使っていいものではない。こういったフレーズは、本当に無理なことを言われて、どうしても否定する必要があるときにだけ、口にすべきもので、普段は避けるのが常識的だ。

否定の言葉を多用することで、好感度が高まることはない。それどころか、必要な話し方や振る舞い方の教育を受けていないことを、そのままさらけ出してしまっていることを、自覚する必要があるだろう。

◇「でも」

「でも」という言葉も、必要がなければできるだけ避けたほうがよい。これを幼児語と考えている人がいるという理由もあるが、それを別にしても、否定的なニュアンスが強くなってしまうからだ。

少なくとも口癖にはならないよう気をつけるべきである。

たとえば、「○○さんって、どんな人ですか」と聞かれて、「○○さんは、やっぱり、でもボクの中では……」というように、必要もないのに「でも」という言葉が口から出てきてしまうことはないだろうか。そうであれば意識的に控えるようにしたい。

そうしたほうが話しやすいという人もいると思うが、自分が話しやすいかどうかではなく、聞いた側がどういう印象を受けるかを考えなくてはいけないのだ。

「ちょっとこれは値段が高いね」の後に、「でも、便利ですよねぇ」と続くのは自然だが、「スマホ買い換えましたよ」を受けて、そう続けてしまっていたら、要注意だ。

また多くの人が、自分は「わざと」「あえて」そんな風に話していると信じているが、じつは、上手く言葉を操れていないことのほうが多い。

前出の「いやぁ」と一緒になって、「いやぁ、でも」となると、かなり好感度は下がる。「いやぁ、でも、どうでしょうねぇ」というのは、言われると嫌なフレーズだし、「いやぁ、でも、わかります」などと言う人もいるが、込み入った話をまとめるときでもなければ、これはだいぶ変わったフレーズだ。

会社の会議などでは、「いやっ、やっぱり、でもぉ……」といった話し方をするべきではないし、そういう人がいれば、周囲も注意を与えるべきだ。

◇「だって」

先程の「でも」が、「but」か「however」だとすれば、「だって」は「because」といったところだ。

「海に行くのが好きなんですか」と聞かれて、答えるのに「いやぁ、だって……でしょう」という話し方をする人がいる。

この「だって」の後には、海に行きたい理由が述べられそうなので、「解説」や「私の話」がはじまりそうで、それが問題であるのだが、さらに、この「だって」そのものが、否定や正当化、かつ幼稚なニュアンスを加えている。

「だって」と言った本人は、そんなつもりはないかもしれないが、聞いたほうはそう感じるのだ。この言葉を用いて、ライカビリティが上がることはない。

「連休はどこかへ行くんですか」

「いいえ。家でゆっくりしているつもり」

ここまでは普通の会話だが、「家でゆっくりしているつもり」の後に「だって」と続けられたら、よほど好きな相手でない限り、もうその時点で、早く話が終わってくれることを願いはじめるだろう。

「だって」の後には、「車が渋滞する」「お金がない」「どこへ行っても人だらけ」などという話が続きそうに感じるからだ。

前出の2つと合わせて「いや、でも、だって……」と話す人もめずらしくないかもしれない。それでも、これら3つの言葉を使うのをやめるだけで、返事の仕方や話し方の印象はぐっとよくなっていくだろう。

こうしたネガティブな言葉を使う人は、人の知らないことを知っていたり、論理的な思考をしているために、「いや」「でも」「だって」と言っているのではない。彼らは、ただ「こんな言葉しか発することができない」のだ。

スポーツ選手がヒーローインタビューをされているときも、優れたパフォーマンスの裏に凡人にはわからない何かがあるとか、他の人は知らない何かを知っているから、口調がネガティブになるのではない。単純にそうした話し方しかできないから、何を聞かれても、「いやっ」「あー、でも」と言っているだけのことである。

そうした選手たちの活躍にあこがれたり、尊敬するのはよくても、使う言葉は真似しないほうがいい。

私は大学のクラスや企業の新入社員研修では、これらの言葉を口にしないように注意を与えることにしている。はじめは「注意されるようなこととは思っていなかった」と驚く人もいるが、繰り返し指摘されると、使用することがおかしいということに気づくようになり、また使わないことにも慣れてきて、次第にみな、あまり口にしなくなるものだ。それにより、全体としての好感度は向上する。

小さなことではあるが、私はこうして言葉を選ぶことに、みなが気を遣うことは大切なことだと思っている。

注意するポイント②——いつでも実践できるか

ライカビリティを高める話し方の原則——「6つの返答パターン」「話し方の4つのパターン」「あいさつと返事」をよく理解して、スキルとしても身についてきたとしよう。つまり、返答でも会話でも不適切なことは言わず、必要な解決案だけを述べるか、相手の感情について話すことができる。あいさつや返事の仕方も大丈夫、という状態だ。

上手にできていると自覚ができたら、一つ確認してほしいことがある。それは、「いつでも実践できているかどうか」についてだ。

すでに述べたとおり、ライカビリティは、いつでも発揮しなくてはいけないものではない。周囲に合わせるべきでないと感じたときには、合わせなければいい。

つまり、たとえば「一方的に勝手なことを話し続ける人」を相手に、その人の感情に触れることを述べながら、話を聞き続ける必要はないし、他にも、「これはあまりにおかしい」というときには、必要に応じて反論すればよい。

しかしながら、ライカビリティを高める話し方の原則は、今日は使わず、明日使う、という類いのものではない。午前中は相手の感情について話したが、午後はそうしない、といった具合に、根拠なく気分で使ったり使わなかったりしてはいけない。

もしそうしてしまえば、周囲の人たちは、あなたの気分のムラに気づいてしまい、あなたがせっかく相手の感情について触れることを口にしても、あなたのライカビリティは気分次第のもので、翌日には消えてなくなっていると気づくだろう。本当にそうなのだから、仕方がない。ライカビリティを高める話し方の原則を身につけても、それで台無しになってしまう。

もし、自分の気分がアップダウンして、口にすることが変わるような癖があることに気づいているならば、自分の言うことがどう変化するかを意識した上で、そうならないように注意しなければならない。せっかく相手の感情について話のできる人になっても、相手から「たまたま今、上機嫌ではしゃいでいるんだな」としか思われない人にならないように、自覚しなくてはならない。

注意するポイント③──「不機嫌に見える人」になっていないか

難しいのは、それほど激しく気分にムラが生じるわけでもなければ、普段から割と思慮深く、周囲に思いやりを持って接しているのに、どうにも不機嫌に見えてしまう人がいることだ。

ある結婚しているカップルがいるとしよう。２人ともいろいろな面で整った人たちだ。夫のほうは忙しく働いているが、たまにデパートの地下でケーキを買って帰ったり、妻の好きなチーズを探して持ち帰ってくるような人で、2人とも、そうした夫の行為は思いやりの表現の一つだと思っている。

食後に2人でケーキを食べて、紅茶を飲んでいるのは、人生におけるよい瞬間だろう。お互いに好きな相手と結婚でき、共に時間を過ごせているのは喜びのはずだ。

しかし、ここで妻を愛する夫が何を考えているかというと、次のようなことだったりする。

「そういえば、後で取引先へメールを送らないと……」

「それにしても昼間は、あの後輩があんなことを言いやがって、明日会ったら、何て言ってやろうか」

「まあ、それはともかく、来週からはアメリカへ出張だから、その準備をはじめなければ。空港までトランクを運ぶのが面倒だから、宅配に頼もうかな」

夫は何も不健全なことは考えていないし、むしろ、妻のためにも今の生活以上に豊かになれるよう出世したいという思いから、夜になっても仕事のことを考えている。それでいろいろと心配なことが頭に浮かぶようだ。

取引先へのメールについては、少しややこしい内容になりそうだし、後輩は本当に生意気だった。トランクは宅配で送ったほうがいいだろう。出発当日に妻に車で駅まで送ってもらわなくて済むからだ。ただ、その場合には、何日前までに申し込めばよかったただろうか……。

この夫の様子が、妻にはただ不機嫌に見えるのだ。

ケーキを買ってきてくれるのは、自分を大事に思っているからで、それを一緒に食べるのは素敵なことのはずだが、実際のところ、自分と向かい合って座っている男は、自分との話には上の空で、いつも眉間《みけん》にしわを寄せている。

夫のほうは、妻からそう言われたことはないし、自分が妻の目にそんなふうに映っているとも、自分が特に不機嫌だとも思っていないが、こうして妻と過ごすときに、妻のことではなく、他の心配事をイライラしながら考えているのは本当だ。

そして不機嫌な男のライカビリティは高いか低いかと言えば、もちろん低いのである。夫にとっては、不本意だろうが、妻はいつもこれを我慢しているのだ。少なくとも、一緒にケーキやチーズを食べる時間を楽しんではいない。

これでは、せっかく身につけているライカビリティも活かせてはいない。この夫婦は、ライカビリティを高める話し方の原則とは関係のないところで、アンハッピーな状態にあるが、普段はライカビリティということまで神経を使って考えている夫が、じつに残念な状態に陥っている例だ。

しかし、だからといって、夫は簡単にこの癖を直すことができるものでもない。

「目の前のことに集中し味わえない」という癖

ところで、夫の「この癖」というのはどんな癖なのだろうか。仕事のことを考え続ける癖？　妻との話に集中できない癖？　イライラすることを思い出す癖？

これは私自身にもあった症状で、ずいぶんと長い時間をかけて悩み続けたことだ。

さまざまな専門分野の勉強もしながら考えたが、まずこの癖とは、どんな癖なのかを知らなくては、そしてこれがどんな状態なのかを把握しなければ、何に気をつけたらいいのかもわからない。

結論からいうと、この状態は、「幸せを目の前にしながら、その幸せにフォーカスできていない状態」だ。

それは「現在」に自分の思考をフォーカスできない癖なのだ。「現在」ではなく、「過去」や「未来」のことにフォーカスし、考え続けてしまっているのがこの癖だ。

もともと心配性であるために、過去にあった嫌なことを思い出し、もう一度自分の中で折り合いをつけることで安心しようとしている。また、未来にある心配なことについても、詳細まで考えて、おかしな事態が生じないように気をつけようとしている。

その瞬間、目の前に幸せな状況があっても、それにフォーカスできない。むしろ目の前の状態は安心できるものだから、過去や未来に思考が行くのかもしれない。

これが、「目の前の幸せを楽しめない状態」をつくり出す。過去にあった嫌なことや、未来の心配事を考えるので、アンハッピーな状態になる。

他のたとえをすれば、こんな感じだ。

大好きなミュージシャンのライブを最前列で観たが、そのとき、たまたま心配事があって、その心配事を発生させてしまったときのことや、今後対処しなくてはいけないことを考えて、ライブは最高なのに、あまり楽しめなかった。

だけれども、しばらくして別のライブに出かけたときには、特に心配していることはなかったため、他のことは気にせずにライブに集中でき、そのときはあまりいい席ではなかったが、思い切り楽しめた。

目の前の幸せに集中できないことは、自分だけの問題で済むならいいが、その人のパートナーも、同様に楽しくない状態に陥れることがある。不機嫌に見えたり、やたらと元気のない人の相手をするのだから、当たり前だ。

そのせいで妻は楽しいと感じておらず、一方で夫は、幸せな状態を維持しようとさらに一生懸命に働くのであるが、そんな夫が妻の目からは、ただただライカビリティの低い不機嫌な男に見えてしまうのだ。

今この瞬間にフォーカスする

これは特に新しい発見というわけではなかった。私の理解では、青い鳥症候群（理想を求めて次々と新しいものを手に入れようとすること。主に天職を求めて転職を繰り返すような若者を指して言われることが多い。メーテルリンクの童話『青い鳥』にちなむ。《参考：Weblio辞書／実用日本語表現辞典》）のように、目の前の現実を受け入れて、それに取り組むことができないのと似ている。目の前にある幸せとは別のところにフォーカスが移ってしまうだけのことだ。

今から10年ほど前、私自身がこのことで最も悩んでいた時期に、少しの間、仕事でアメリカに滞在したことがあった。

その際には、たまたまクリスチャンの人たちと接することが多く、食事をする前にはお祈りをすることがあった。テーブルを囲む人たちが、みなで手をつないで一緒にお祈りをするのだが、こうした習慣を持っていない私は、はじめはなぜ、こういう儀式をするのかただ不思議に思っていた。

しかし、何度も繰り返すうちに、あることに気づいた。「食事を与えてくださって、ありがとうございます」というお祈りをしていると、今、そこに座り、食べ物を口にする自分と、その瞬間に、フォーカスが当たってくるのだ。

私は普段から、「今この瞬間」のことは考えていないほうだった。食事を取ろうとするときにも、その瞬間のことではなく、たとえば、さっき誰かと交わした会話について、あるいは、食事が済んだ後に誰と話して、どこへ移動するかといったことについて、考えている。

しかし、お祈りをすることによって、今この瞬間、つまり過去や未来ではなく、現在にフォーカスが当たる。そして、そうなるとなぜか、落ち着いた気持ちになることがわかったのだ。これは、他のことを忘れてライブに集中したときの感じと似ていて、その瞬間を楽しめるようになる状態だ。

これは私にとって大きな発見だった。

以降、自分の気持ちのフォーカスがどこに当たっているかということに関心を持って、自分なりの勉強をしてみたが、現在、過去、未来についても、自分のフォーカスをコントロールすることについても、ずいぶんと研究がされていることを知ることになった。

これ以上の詳細は、専門分野の研究者にゆずりたいが、不本意にも「不機嫌な人」と思われがちな人（以前の私もそうだ）の多くは、現在ではなく、過去か未来に焦点を当てて物事を考える癖があるのではないかと思っている。

ライカビリティを高める話し方の原則を理解して身につけていても、ここに挙げた例のように、自分の持つ癖などにじゃまをされて、上手く実践することができず、望むような効果が見出せないこともある。

もしそんなことがあれば、それは誰にでも十分に起こり得ることであり、多くの人が同様に経験していることだと考え、前向きに取り組み続けてほしいと願う。

第5章　ライカビリティと「非言語コミュニケーション」

見た目でわかるその人

本書ではここまで、「人が口にすること」がライカビリティにいかに影響するかを見てきた。つまり言語によるコミュニケーションを考察してきたわけだが、ここからは、非言語のコミュニケーション、つまり言葉によらないコミュニケーションがライカビリティにもたらす影響について、考察していきたい。

特急列車で通路を挟んであなたの斜め前に座った人が、車内販売で缶ビールを買っていたとする。その人はプシュッと缶を開け、ひと口飲んだと思ったら、おもむろにスーツのポケットから箱入りのチョコレートを取り出した。

「もしかしてチョコレートを一緒に食べるのかな」と思って見ていると、その人は本当に箱からチョコレートを取り出し、口の中に入れた。そしてクチャクチャ音を立てて食べていると思ったら、それをビールで流し込んだとする。

心の中で「すごい」と叫んでしまうような瞬間だ。まだ販売員が近くにいれば、自分もビールを注文し、チョコレートも買って、同じことを試してしまうかもしれない。

その人は、まあまあいいスーツを着て、落ち着いた人にも見えるので、一瞬その人が、ヨーロッパ辺りの食文化に精通していて、ケーキをシャンパンで食べるような人かもしれないと思ってみたりもする。

しかしよく見ると、きれいとはいえない革靴の踵《かかと》を踏みつけ、ペシャンコにして履いたまま、時折貧乏ゆすりをはじめた。靴下もよく見ると、ヨレヨレのようだ。

これを見てようやく、目の前の人がヨーロッパ帰りの食通ではなく、ただ手持ちのチョコレートでビールを一杯やっているだけの人だとわかる。

変なたとえ話をするな、と思うかも知れないが、じつは私が最近、実際に列車内で目にした光景である。

こうした「人の見た目や行ないが与える印象」は、非言語のコミュニケーションである。

見た目が発するメッセージ――「私の話」や「反論」をしている

繰り返すが、私たちの身なりが人に与える印象は、非言語コミュニケーションの一つである。周囲はそれを見て、それ相応のメッセージを受け取っている。

服装はもちろんだが、アクセサリーなども、何らかの印象を与えるものである。ピアスにしても、耳につけるだけでなく、まぶたや唇にもしている人がいる。そんな装いからは、それなりのメッセージを受けるだろう。日本でも最近は、若者のタトゥがめずらしくなくなっているし、もちろん奇抜な髪型はどの時代にもあるが、それぞれ、周囲に何かを訴えかけている。

中には、身だしなみやファションとして着飾るのではなく、「そうしたものを身につけなくては人前に出ることができない」人もおり、そうした人はけっこう多い。

学生であれば、奇抜な風貌《ふうぼう》をしているわけではなくても、前髪が目を覆うような髪型をしていることがある。こういう学生の多くは、さっぱりとした特徴のない髪型では、人前に出ることに抵抗を感じていたりする。

私が接してきた経験からいって、そんな髪型の若者の多くは、あいさつや返事をきちんとすることが苦手である。そして、そのいでたちにより、「自分には対人コンプレックスがあります」というメッセージを発している。本人はそうしたメッセージを発しているなどとは意識していないことが多いが、こちらから見れば、あまりにも明白なことである。

言語コミュニケーションにおいて、好かれようと思いながら話したのに、逆の結果を招いているのと同じような状況だ。

「ライカビリティを高める話し方の原則」に照らし合わせていえば、風変わりな格好をするのは、「私の話」や「反論」をしているのと同じだ。自分の主張をして、周囲に理解してほしいと思っているようなところや、何に対しても反発するような点が似ている。また、そうした服装などで、自分を「プロテクト」していると見て取ることもできる。いずれの場合も、期待とは裏腹な結果となりがちな点も同様である。

私は学生に「そんな風にピアスをたくさんしたり、髭《ひげ》を伸ばしたりしないと、人前に出ることもできないんだろう」「前髪を垂らさないと人前に出られないのか。君みたいなのは、本当にみっともないよ」などと、きついと思いつつ言うことがある。そう言われた学生は、はじめはきょとんとしたまま目を見開いて、黙ってこちらを見詰めていることが多い。おそらく、そんなことは言われたことがないのだ。

しかし中には、悩んでいることの何かに触れたのか、その場で動揺を見せる人もいる。私だって、そんなことを誰にでも見境《みさかい》なく言うわけではない。反発を受けたり反感を持たれたりするのは、怖いこともあるし面倒でもあるからだ。授業は熱心に受けているが、何らかのコンプレックスがあり、それをどうにかしてあげられたらいいと思うような相手、しかも、互いにどこか親しみを感じているような相手に限って、そんなことを話す場合がある、ということだ。

また、企業の新入社員研修の場などで、前髪で目を覆っているような社員がいた場合には、あえて周りに人がたくさんいるところで注意することもある。人前では叱らない、というのが、ここ10〜20年の間に浸透しているようだが、その人個人を責めたいわけではなく、他の新入社員にも聞いてほしいからである。「そんな格好をしているのは大人として恥ずかしい」「会社に勤めて仕事をさせてもらうのであるから、もっとふさわしい髪型にすべきだ」ということを、みなが知る必要があるからだ。

他に最近は、ばかばかしいと思いつつ、男性の靴下について言及することもよくある。くるぶしまでしかない短いもので、しかも派手なデザインのものを履いている社員がいるようなときだ。ただし、靴下のことでみなの前で注意するのも、少々まぬけな感じがするので、何かのついでに言うことにしているが……。

プロらしい外見とライカビリティ

言語コミュニケーションである「ライカビリティを高める話し方の原則」の中の「感情」——相手の感情について話すことができる人であれば、服装や髪型などの非言語コミュニケーションでは、自分がプロとしてすべき格好、つまり、社内の人たちや顧客を安心させるという意味で、最も適切な服装や髪型をすることができるだろう。

それを無視して、自分が着たいものを身につけ、好きな髪型をしているのは、職業を持つ人としての意識が低いということになる。

そうした状態なのであれば、誰かに一度注意されたほうがいいし、自分ではよいと思っていても、ライカビリティは下がっていることを認識しなくてはならない。好きな服装や髪型が、本人の思惑とは違った結果をもたらすことはあるのだ。

学生が就職活動で面接に行くときも同じである。

大学では、スーツを着た学生がいて、聞くと「面接の帰りです」と言うことがある。彼らの中で、内定を思うように勝ち取れない学生に限って、髪型や服装に問題があることが多い。

もちろん、それが内定を取れない唯一の理由というわけではないのだろうが、しかし、「君マジで、その格好で『御社に入りたい』と言ったのか?」と本人に聞いてしまうことも何度もある。

さっぱりしない髪型、リクルートスーツではないピチピチのスーツ、先のとがった革靴、やたらとカジュアルな靴下……などだが、こうした服装は、「自分は気に入らないことがあれば、言うことは聞かないし、適切と考えられているものがあっても、無視することがあります」というメッセージを送っているのだ。

面接官をするほうだって、日々理不尽なことがあっても、自分の意見は控えめに抑え、グッと我慢することも多い人たちなのだ。会社にしたって、客が要求してくれば、それが多少間違ったことであっても、受け入れざるを得ないことも日常茶飯事なのだ。

そういう人たちに、「自分を選んでください」とお願いしに行くのに、なぜその際に、「無難」もしくは「嫌な感じを与えない」と考えられる格好をしないのだろうか。じつに不思議に思うが、注意を与えても、何がよくないのか理解できない学生もいれば、何度言っても服装を変えようとしない学生もいて、やはり彼らは思うように内定が得られないことが多い。

これは、ライカビリティの原則を知っている人から見れば、「それでは成功しない」「内定などもらえない」と、はっきりとわかることなのである。

非言語によるコミュニケーションでも、ライカビリティは上がったり下がったりすることを、私たちはもっと強く認識すべきだろう。言語コミュニケーションと同じように、法則性はあるのだ。

私語をする店員

第3章で、店員が口にすることの内容がわるく、客を追い払ってしまうケースを考察したが、同じことは非言語のコミュニケーションによっても起こる。

たとえばレストランでは、料理はとてもおいしく、注文してから長く待たされるわけでもないのだが、他の面が気に障《さわ》って行かなくなるというようなことが起きる。店の場所もよく、駐車場も十分にあって、内装も外観もいい。客はいい店を見つけたので、これからも通いたいと思いつつ食事をするが、ここで店員の私語が聞こえてくるのだ。

私語というと言語コミュニケーションにも思えそうだが、ここでは客に対する態度という意味で捉えてほしい。

客が食事をしているのに、店員たちは料理のことども、店のこととも関係のない話をしている。客に聞こえる大きな声で話していることもあるし、声はわずかに聞こえるだけだが、話に夢中で客に十分な注意を向けていないこともある。

そんな店員が多ければ、リピートする客の数は徐々に減っていくと思わなくてはならない。たいして気にしない客もいるだろうが、気分をわるくする客も確実にいるのだ。

接客の仕事にプライドを持っていれば、客がいるところで私語などできることではないし、客のことを大事に思っていれば、聞こえるところで余計な話などはしないだろう。

少なくとも自分の店のことを大事に思っていれば、「私語が店によくない影響を及ぼす」などということくらいはわかりそうなものだ。要するに、そういうことをしてしまう店員は、自分の働く店のことも、客のことも、大事には思っていないのだ。

こうした店に「積極的に通い続けたい」と思う人は少ないだろう。まあ仕方ないと思うか、そのくらいなら我慢できる、という客だけが残るのだ。

私語をする店員はどこにでもいるが、よく思い出すのは、あるターミナル駅にあるパブでの光景だ。顧客の事務所の一つがその近くにあり、以前よく通っていた。

当時、私はまだタバコを吸っていて、かなりのヘビースモーカーだった。ヘビースモーカーというのは、客先に出向くと、まずはその近辺でタバコを吸える場所を探し、できれば落ち着いてコーヒーなどを飲み、ゆっくりたっぷり煙を吸い込んで気持ちを落ち着かせ、神経を集中させてから、顧客の事務所へ訪れるものだ。

同じヘビースモーカーならわかるはずだが、このプロセスを無視して、電車を降りてそのまま顧客を訪問することなど考えられない。ヘビースモーカーは、タバコがなければ何もできないのだ。

私がその事務所を訪れるときには、そのパブに立ち寄ることに決めていた。私の調査では、駅から事務所までの間に、コーヒーを飲んでタバコを吸える場所は、駅前のマクドナルドの2階かこのパブしかなく、私はこちらを選んでいたのだ。

いつも空いていたからだが、パブの店員は見事に無愛想で、仕事が嫌いそうだった。アイスコーヒーもやたらと細長いグラスに入っていて、量は少なく値段も高かったが、スモーカーは、タバコを吸わせてくれるなら、そうしたことは大目に見るものだ。仕事の前に落ち着くための場所代だと納得できる。

店員は、アイスコーヒーを注文したときも、返事の声が小さく、何を言っているのかわからなかったし、どんな服装をしていたかは思い出せないが、前髪で目を覆っているタイプの若者であったことは間違いない。

ある日、空いている店内で、仕事の詳細について考えていると、一人の女性の店員が、何かのキャンペーンで、駅の近くにガチャピンが来たという話をはじめた。はじめは、ガチャピンという子ども向けのキャラクターを、大人の自分が話題に取り上げているところを自らおもしろがっているような様子だったが、もう一人の男性店員を相手に延々と話を続け、ガチャピン、ガチャピンと、何度も繰り返すうちに、本当に喜んでしまっている様子に変わった。そしてまた、かなり大きな声で話し続けた。

客は、私以外にもビジネスパーソンが何人かいたが、彼らにもまったくお構いなしだ。そして、客の一人が、何かを注文しようとしたのか、「すみません」と声をかけると、急に、私語をする前の無表情な顔と無愛想なトーンに戻って、小さな声で返事をし、その客への対応を終えると、また大声でガチャピンの話をはじめた。

私は当時すでに、客先などへ出向くたびに、いつもタバコを吸う場所を探し、店に入って、自分でトレーを持って席を探したりするのが嫌で仕方なかった。面倒なのに、そうせずにはいられない自分のことも好きではなかった。

健康面以外にも、そうした意味でタバコをやめられたらいいと思っていたが、こんな店員がいる店の中に座ったまま、まだ一服し続けている自分には本当に嫌気が差してしまい、その後、禁煙を決意する大きな動機の一つとなったのを覚えている。よく考えれば、店員の私語がうっとうしい店などには、ニコチン中毒でもなければ寄りつきたくはないものだ。

また某所では、立ち食い蕎麦のチェーン店があって、仕事の合い間に寄ることがあった。

私にとってこうした店は、ロケーションが決め手になる。おいしくなくてもこだわらないし、店が狭いと窮屈で面倒もあるが、それでも別にいいのだ。さっと食べて、さっと立ち去れれば、それで十分にありがたい。

ビルの谷間のその店で、たまに食事をとっていたのだが、あるときから店のカウンターの中で、大きな声で同僚の悪口を話す女性店員が働くようになってしまい、行くのをやめてしまったことがある。

店内にはいつもたくさんの客がいたから、それを気にしていたのは私だけではなかったと思う。同僚の悪口を聞こえるように言うなどというのは、とんでもない私語だ。それがまた、とても嫌な話し方で、言語コミュニケーションのそれとも合併し、客を追い払うには十分な威力があった。

その店は大都会の真ん中で、さまざまな経営努力のうかがえる店だったが、その一人の店員の私語によって、ライカビリティを一気に失ってしまっていた。

客を大切に思わない態度

私語以外にも、客を追い払う非言語のコミュニケーションはいろいろとある。

たとえば、調理場が見えるつくりの店で、調理師が遠慮なくくしゃみをしたり、次に見たときにはあくびをしていたり、洗いものや食器を並べる音がうるさかったり……という、客のことを十分に気にかけていないような行ないがそうだ。

レストランは客が食事に行くところだが、料理がおいしいかどうかとは別に、ライカビリティの低い振る舞いが目立てば、客は足を遠ざけることになる。

接待で使うような店なら、本当にそれでもう、利用できなくなってしまうし、家族で行くような店でも、もう少し気分よく過ごせる店を選びたくなって当然だろう。

細かいことを言って、店を困らせたいわけではない。むしろほとんどの客は、気に入らなくても苦情を言うことはないだろう。その代わり、その店を訪れる頻度を減らすか、他に便利でいい店ができれば、そちらに行ってしまうだけの話だ。

以前訪れた、大型のスポーツ用品チェーン店でのことである。競泳用の水着を探していたのだが、店内の音楽の音がやたらとうるさく、肝心の店員の姿は見つからない。ようやく一人を見つけて声をかけると、暗い声で「はい」と言って、背中を向けたまま、顔を半分だけこちらに向けた。

店員を探している様子の客に声をかけられたら、すぐに振り返り、前で手を組んで、「いらっしゃいませ。たいへん失礼しました」と言う……というような接客の仕方は、生まれてこの方見たことがない、とでもいう態度だ。「水着を探しているのですが」と伝えても、まだ体をこちらへきちんと向けることすらしない。

かなり閑散としていたものの、私はこんな店が営業していること自体が不思議だった。客を大事にしようとしないチェーン店が、客のことなど気にかけない店員を雇っている、ということだろうか。この店員は、まるで何も教育を受けていないように見え、気の毒にすら思えた。これなら、同業のライバル会社が、ライカビリティの高い接客で、客に好感を与えて集客力を高めるのも難しくないと感じた。

私は、ジムで会う知り合いに、他にいい店がないか教えてもらい、そちらに行くようになった。よほどの大セールでもない限り、元の店には行かないかもしれない。

客を大切に思えば変えられること

ある書店チェーンの店頭では、客が店員に苦情を言っているシーンを見たことがある。

私はそのチェーン店のうち、地元の3店舗を利用している。私も不思議に思っているのだが、これらの店舗では、客がレジに本を持っていくと、店員が本を受け取り、カバーをつけたり、袋へ入れる作業をしはじめる。だが、客が現金やクレジットカードを取り出すや否や、なぜか作業している手を止めて、その現金かクレジットカードを受け取り、会計処理をしてから、本にカバーをつける作業や袋に入れる作業を再開するのだ。領収書を頼めば、領収書を書いて渡してから、その作業をしている。

客がお金を出すのが遅いときには、袋に入れた商品を客の前には置かず、客から手の届かないカウンターの脇に置き、支払いが終わるまで、決して商品を客の手が触れる位置には置こうとしない。

あるとき店頭で客が怒っていたのは、そのように代金を支払わせた店員が、「ありがとうございました」と言うだけで、商品を渡すのを忘れ、客も商品を忘れて帰りそうになったからだった。「客の目の前に商品を置かないで、遠いところに置いているから、店員の君さえもが本を渡し忘れるのだ」というわけだ。

そして、その一部始終を見ていた次の客は、店員がまた本を脇に置いた時点で、文句を言い出したのだった。

店員が商品を袋に入れる作業をやめて、客からまずお金を受け取ろうとするのは、私の考察では、名古屋を中心とした中部地方に多い。東京、横浜、大阪といったところでは、こうしたシーンを見るのは比較的少ないように思う。

私は地元で常々、なぜ店員がこのように振る舞うのだろうかと思っていた。どうして支払いを先にさせたがるのだろうか。

商品を袋に入れ、それを客の目の前に置き、お会計を失礼しますというのが最も感じがよいのではないのだろうか。いずれにしても、包装したり袋に入れたりして商品を渡すのだから、先にそうしてもいいように思える。それとも、客が商品を受け取ると、逃げるとでも思っているのだろうか。しかし、そんなことをする客なら、わざわざレジに立ち寄るとも思えない。

店員が２人で対応するようなときは、一人が商品を袋に入れる間に、もう一人が会計を担当して、そのために袋に入れるよりも支払いが先に終わることもあるだろうが、そうでもなければ、なぜ客が気持ちよく買い物できることを優先的に考えないのだろうか。

何か店側にも理由があるのかもしれないが、そうであっても、客は「何が正しいか」を店から聞きたいわけではない。これは第１章でも述べたことである。客は、また戻ってきて買い物をしたいかどうかを、正しさではなく「感情」で決めるものなのだ。

客にとっては、自分のことを大事に扱ってくれるか、自分がどう感じるかを気にしてくれるかどうかが肝心なのだ。

これも、苦情として店に伝える人は少ないことだろう。こんなことを言えば、神経質で細かい客と思われるだけだからだ。

しかし、あなたが店のオーナーであるならば、また、店員であっても、よい仕事をしたいと思っているならば、こうした点を他店のサービスと比較しながらよく考察してみるといいだろう。

実際のところ、細かなことを気にする客は多いものなのだ。また考察の結果、改善すべき点が見つかったとしても、それはおそらく、特別な費用をかけずに直すことができる。

異文化とバッドマナー——他人との距離感

私は、10代の頃に日本で通っていた英会話学校で、はじめて、日本人の動作に嫌悪感を示す欧米人を見た。

その学校には、英語圏から日本へやって来て英語を教えている講師が大勢いて、みなとてもフレンドリーだったが、そのうちの一人の講師が、あることを非常に気にしているように見えた。それは授業中にではなく、休憩時間などのことであった。

その学校は建物の２フロアくらいを使っていたが、生徒もかなり多く、全体的に手狭になっている感じだった。休憩時間には、大人数の生徒と講師が、同時に２つのフロアの中を移動するものだから、通路もエレベータの前も、とにかく人でいっぱいになっていた。

そのように混雑していたため、人と人が擦《す》れ違うときには、衣服が擦れ合ったり、人同士が触れ合ったりしやすくなっていた。

そういうとき、日本人は欧米人と比べると、人との距離を保とうという意識の弱い人が多く、人によっては、平気で他人の衣服に自分の衣類を擦らせながら歩いたり、少しぶつかりながらも追い抜いていったりする。かなり無遠慮にそうする人たちもいる。

この講師は、どうやらそれが非常に気になるらしく、そんなときに露骨に嫌な顔をしていた。睨《にら》みつけるほどではないが、かなり参っているという表情だった。

たとえば、自分の右斜め後ろにいた人が、自分の目の前を通って、左斜め前のほうへ追い抜いていくのは、非常に失礼なことなのだが、そんなことをしても何とも思っていない人が、実際に大勢いたわけだ。

私たちも、外国を訪れたときなどは、同様のことを感じることがあるのではないだろうか。たとえば私も、アジアのある国を訪れたとき、ホテルへ入るために、正面玄関にいくつも設けられた扉のうちの一つを開けたところ、中から外へ出ようとしていた他の客が、私の開けた扉を見つけ、早足に進んできて、ポケットに手を突っ込んだまま、そこを通って外へ出ていくことがあった。私はそのとき、まだ外で扉を支えた状態のままだ。

この手のことが起こり続けると、腹が立つというよりは、そこにいること自体が嫌になってしまうこともあるかもしれない。

日本人だけがそうなのではないが、私たちは今日でも、欧米人に比べると、人と距離を保つことに鈍感で、至近距離に平気で近寄る人は多いし、衣服が擦れ合うくらいは何とも思っていない人もめずらしくない。電車の中で、人の靴に自分の靴が当たったくらいなら、知らん顔をしている人が非常に多くいるのだ。込み合う都会であれば仕方がない面もあるが、そうでないところでも同様だ。

こうしたことについて、「気にしすぎだ」とか、「それほど重要なことではない」と言うのも理解できる。こんなことよりも、人はいざというときに助け合うことのほうが大切であることは、私も前提としてわかっている。

ただ、働きに来てみた日本で、人々の行ないや動作に好感が持てず、嫌になってしまった講師の反応を見て、周囲が学ぶことがあってもいいと思う。私たちは、非言語コミュニケーションにおいても、自分の振る舞いや動作が、他人にどういう印象を与えるかを理解できていないことがある。それを見直すいいチャンスだからである。

たとえば、中国人が自分の箸をそのまま使って大皿から食べ物を取り、人の皿に載せてあげるのを見て、驚く日本人は多い。私も昔、はじめてそれを見たときには、そのシーンを凝視してしまった。

しかしながら、日本人が自分の箸を逆さにして、人に食べ物を取ってあげるのも、かなり変わっていると言えば、そうかもしれない。

箸を逆さにすれば、手で握っていた側で食べ物を挟むことになるわけで、それを人の皿に置くのは不潔と言われれば、たぶんそうなのだろう。

自分たちの風習については、見慣れている分、深く考えていないことが多いようだ。どちらが正しいという正解はないし、どちらであってもいいのだが、そうした振る舞いや動作といったものを、ライカビリティの高いものに洗練させていくという意識は大切だと思う。

マナーもしつけもわるい人たち

国や地域による風習の違いは、正否にこだわっても仕方ないが、こんな例はどうだろうか。私はメーカーに勤務していた頃、自分が中途入社した後にまもなく入社してきた新入社員の一人を食事へ連れていったことがある。

しかしこの新入社員、マナーがまったくなっていない。「気取った店ですね。何ですかここ」「チーズなんか食ったことないっすね」などと、のっけから口にすることもかなりわるかった。

パスタなどが運ばれてきて、大皿から小皿にわけてあげようと、まず彼のために一つの小皿に盛ったところでそれを渡してあげたのだが、私のほうはまだ自分の分を小皿に載せている最中なのに、新入社員はお構いなしに食べはじめてしまう。それがまた、カップ焼きそばでもがっつくような食べ方なのだ。

私は、彼をお気に入りのレストランへ連れていったことを非常に後悔した。この例からは、マナーを知っているのと、知らないのとでは、どちらがよいのかははっきりした問題だとわかる。洗練された振る舞いができないこと、そしてそれを学ぼうともしないことは、非常に残念なことなのである。

マナーなど気にしない人ばかりなのであれば、そのほうが心地よいのかもしれないが、それは、ライカビリティを高めていきたい私たちの目指すところではない。

カレーの店で、スプーンをお皿に当ててカンカンと音を立てながら食べている人を見たらどう思うだろうか。牛丼の店で、生卵をかき混ぜるときに、箸をやたらと勢いよく小鉢に当てて続ける人も同じだ。

そんなことは自分の勝手だという人もいるかもしれないが、店内に他の客がいても同じことをしていれば、周囲への配慮が足りないと感じる人はいるもので、したがってそれでは、好感は持たれにくい。

ある程度のマナーは、ぜひとも身につけるべきである。それはお互いを励まし合い、お互いが自信の持てる関係性を築くにあたって、人を「認めている、大事にしている、気にかけている」という姿勢を見せるために必要なしつけであり、スキルなのだ。

先にも述べたように、人とのフィジカルな距離も適度に保つほうがよい。そのほうが、相手を尊重していると考えられるからだ。人の前を横切るべきではないが、もしうっかりそうしてしまったときには、少なくとも一言、何か口にすべきだ。

人が開けた扉を足早に通り抜けていくのは、ライカビリティを上げる行為とはなり得ない。

他人のことを尊重していないからだ。

食事のマナーを知らないこと、あるいは知ろうとしないことは、もちろんライカビリティを下げてしまう。一緒にテーブルにつく人たちがどんな気分になるかについて、気にしていないのだから当然だろう。人を認め、大事にして、気にかけているという配慮が見られなければ、それはライカビリティを下げる要因になってしまう。

私はここで、あまりに細かいことまでを言いたいわけではない。

たとえば、ナイフとフォークを使って、皿の上の料理を切るときには、ナイフは手前に引くだけにするものだ。ナイフは前に押して使うものではない。

しかし、そんな風な細かいマナーを守らないと、ライカビリティが下がると言っているのではない。要は、「自分だけでなく、周囲のことも気にかけているか、そうした配慮を心がけていて、学ぼうとしているか」ということが大切なのだ。そういった姿勢が、私たちの洗練された振る舞いや、動作をつくり上げていく。

異なる文化と接する経験からも、人の振る舞いや動作に違いを発見するだけでなく、それがライカビリティにどう影響するのかを考えられるといいだろう。

にこやかな人とライカビリティ

非言語によるコミュニケーションでは、他にもさまざまなテーマを取り上げることができる。姿勢、歩き方、持ち物などをはじめ、多くの事柄がライカビリティに影響するからだ。

ここでは、非言語によるコミュニケーションの中でも、人に好感を与え、人を前向きな気持ちにするにあたり、必ず考察しておくべき「笑顔」について考えてみたい。

にこやかな笑顔で好感度が高い人を思い浮かべてほしい。周囲にいる人たちの中に思い浮かぶ人がいるのではないだろうか。逆に、こちらがにこやかに話しかけたときですら、あまり愛想のよい対応を期待できない人も思い浮かぶだろうか。

どちらの人と日々接したいと感じるかは、明白なはずだ。

知り合いでなくとも、たとえばスマホのショップを訪れたときに、何人もいる店員の中から担当者を選べるとしたら、にこやかで感じのいい人を選ぼうとするだろう。無愛想で不親切そうな人よりは、明るい笑顔の人がいいに決まっている。「選ばれる人」には、にこやかな人が多いのだ。

会社に営業担当者が２人連れ立って訪問してきたとしよう。その際、一人はとてもにこやかで、もう一人は普通の感じだった。このように複数の人がいると、にこやかさに違いを感じることがある。

次に、別の会社の営業担当者が、やはり2人で訪問してきた。今度は、先程の2人とは異なり、どちらもやや暗い雰囲気だ。

これでセールスの勝敗が決まるわけではないが、営業を迎えるほうは、こうして常に人を見比べている。意図的にそうするというよりは、自然にそうなってしまうのだ。

私たちは常に、人からそのように見られている。点数がつけられるわけではないが、にこやかで話しやすいかどうか、他の人たちと比べられている。

笑顔があるほうがいいことに説明の必要はないだろうが、「それがないため損をしているかもしれない」ことについては、あらためて考えてみてもよいだろう。

教員として教壇に立つと、たくさんの人を目の前にすることになる。その中には、にこやかな人もいれば、ごく普通の感じの人もいる。そして、世の中の多くのことに不満を持っていそうな人や、学生なのに学生をしているのが嫌そうな人もいる。

たとえば、授業のアシスタントが必要なときに、そうしたライカビリティの低い人たちに依頼することはない。資料の配布の手伝いくらいなら頼むであろうが、1学期間一緒にやっていくような場合には、お願いすることはない。話しやすそうな人に頼むのは当然のことで、そのほうがストレスもなく、気分もよいからだ。

どんなところで違いを感じるかというと、もともとその人たちが持つ雰囲気もあるのだが、やはり「表情」が一番の違いだ。当たり前だが、笑顔を見せる人かどうかで印象は異なる。

お願いしなかった人でも、別にその人の人格を疑っているわけではなく、もしもう少し笑顔でいたら、依頼したかもしれないのだ。人はニコッとすることがないだけで、何も頼まれなくなってしまう。つまり、それが理由で選ばれなくなるのだ。

たった一人しか人がいなかったり、それほど重要なお願いでなければ、無愛想な人でもいいだろう。だが多くの場合、どんなことにも他に候補者はいるものだ。

私は講義などの際に、教室へかなり早く到着していることが多い。なぜかというと、早く着くのが特別に好きなわけではないのだが、なるべくいい仕事がしたいと思っていると、自然とそうなってしまうのだ。講師用の机の配置を調整したり、講義は録画されることも多いから、そのスタッフの人たちと話したり……と、他にも準備することはたくさんある。

そんなときに、やはり早くから教室へ来ている学生はいるものだ。彼らは予習をしていることもあるし、何もしていないようでも、授業を受けるにあたって気持ちを整えていたりする。ぎりぎりに駆け込んでくるような人たちに比べて、熱心できちんとしていることが多い。

こうした人たちはフレンドリーな人が多いのだが、中にはあまり笑顔を見せないタイプの人もいることがある。

私は、こうした時間に、学生がハンバーガー店でテイクアウトした朝食を食べながら、「ストローが入ってない、信じられな〜い」などとワイワイ話しているのを楽しんで聞いていたりするが、そんな中で、「何か嫌なことがあったのか」と聞きたくなるような表情の学生もいる。

そうした学生に、「笑顔を見せなさい」などと、お節介をやいたりすることはないが、暗い顔をしていたり、いつも無表情のままでいる学生を見て、非常にもったいないなと思うのだ。

彼らは、クラスなり、それに関連したことに、不満を持っているようにさえ見えることがあるのだ。それでわるい評価を受けるわけではないが、あまり楽しんではいないような印象を受けてしまう。

早くから教室に来ているのだから、来るのが嫌なわけではないのだろう。しかし、つまらなそうに後ろのほうに座っていたりすると、彼ら自身が得することは少ないように思える。

そうした学生でも、授業が進むにつれて、クラスに友人ができて笑顔が増え楽しそうな雰囲気になってくると、やはりそのほうがずいぶんと印象がいい。明るく笑っていてポジティブな感じの学生は、やはり教員に対しても好感を与えているものだ。

笑顔についての誤解――急に微笑んでも意味がない

じつは私自身も、アメリカで働き、外回りの営業をしていた頃、ある顧客から、「君は真面目だが、人の顔を見たときに、もう少しニコッとするといい」と言われたことがあった。日本人は結構シリアスな表情をしているものだし、それがわるいわけではないのだが、人の顔を見たときに、今よりも微笑《ほほえ》むと、もっといいことが起きると言うのだ。

私はそう言われて、それを少しずつ実践するようになった。特に話に感心したわけでも、その人と親しかったわけでもないが、にこやかさがなく暗いと思われるのは嫌だったからだ。

そうするようになって、何か違いを感じるようになったかというと、あまり劇的な変化はなかったのだが、こちらがニコッとしたときに、同じように微笑んでくれる人がいたり、アメリカの場合なので、ウインクをするなどして愛想よくそれを返す人がいる一方で、こちらがにこやかにしても、ムッとしたままの人たちもいるということに気づくようになった。

すると当然ながら、後者の好感度は低く思え、ニコッと返してくれる人のほうに好感を持つようになる自分に気づいた。

こうして顧客からアドバイスを受け、それなりによかったなと思っていたのだが、それからずいぶんと長い時間が経って、じつは私はある間違いを犯していたことに気づいた。

私は、「人の顔を見たときに、もう少しニコッと」とアドバイスを受けたので、人の顔を見たときに、つまり人と目が合ったときに、ニコッとしていた。

しかし、本当に笑顔によって好感を与えたければ、人と目が合ったときだけでなく、人がいるところであれば、それだけで笑顔をつくるべきだったのだ。誰も知っている人がいないようなときでも、常ににこやかにしているほうがよかったのだ。

私がやっていたのは、極端にいえば、眉間にしわを寄せて、難しい顔でオフィスに入ってきて、悩みの多そうな顔で歩き、用件のある人と目が合ったときだけニコッとするというものだ。

これは適切な笑顔のつくり方ではない。大切なのは、いつでもできるだけにこやかにして、ポジティブな雰囲気をつくることだったのだ。

これは、やはり人を見ていて気づいたことだった。先ほど、スマホのショップで客が店員を選べるとしたら、にこやかな人を選ぶと述べた。そのとおりなのだが、客が店員を見定めるのは、まだ対面していないときだ。客だけが遠くから店員を見ている。そのとき、ある店員がにこやかでなければ、客は他の店員を選んでしまうだろう。

私も、にこやかにしようという気はあったのだから、常にそうしていればよかったのだ。人はまだ、私たちと向かい合って話していないときから、私たちのことを見ている。遠くから様子をうかがっているし、うかがっていなかったとしても、様子は目に入っているものだ。

人といきなり目が合って、その人がいることに気づくのはめずらしい。むしろ、その人がそこにいるのに気づいてから、目を合わせることがほとんどだろう。つまり、私たちはまず、私たちのことを意識していない人の様子を見るものなのだ。

スーパーマーケットのレジ係りを離れたところからぼんやり見ている。そのときに係りが、髪の毛を手でボリボリ掻《か》きはじめたら嫌なものだ。その係りの列は避けて、他の列に並ぶだろう。

手洗いに立ったらレストランの厨房《ちゅうぼう》が目に入り、ウェイターがグラスに指を突っ込んで、3つくらいを一度に持つところを見てしまった。これも気持ちのよいことではない。レストランに対する評価を下げてしまうだろう。

同じように、人が私たちを見たときに、にこやかな感じではなくムッとしていたり、不満を多く抱えていそうに見えたら、その後にいくら笑顔を見せても、どのくらいの好感度をアピールできるかわからない。それ以前に、話に来るのをやめられてしまうかもしれないのだ。

にこやかな印象が浮かぶ人

たとえば、あなたの小中学校時代の担任の先生を思い出すと、その先生のどんな表情が浮かぶだろうか。

私の場合、中学1年時の担任を思い出すときは、その先生の笑顔を思い出す。新任の女性の先生で、私などは反抗期の真っただ中で、非常に迷惑をかけたと思うが、この先生はいつでも誰にでも、にこやかな表情をされていた。

小学5、6年時の担任は、言葉による暴力や、横暴な振る舞いがひどい年配の女性教師で、この人からは、にこやかな笑顔というものは思い出すことはできない。保護者などと接して笑顔っぽい表情をつくるときも、何かのことで笑うときにも、底意地のわるい人格が常に表情に現れていた。

小学3、4年時の担任は、新任のやはり女性教師だったが、この人はフィジカルな暴力を振るう人で、私なども後ろから思い切り頭を殴られるなどの暴行を何度か受けた。当然、穏やかな笑顔の人ではなく、クラスメートの友人などは、この教師にホームルーム中に首を絞められ、失神して気絶したことがあるが、教師はそれでパニックになり、このまま死ぬかと思ったなどと大声でわめき取り乱していたのだから、にこやかな笑顔の人であれば、逆に恐ろしいだろう。

この教師は、時折大声で笑う人でもあったが、その笑い顔はここで取り上げた笑顔とは違い、自分が笑いたいときに大きな口を開けてガハハと笑うもので、にこやかでも好感を与えるものでもなかった。

小学2年時の担任も、新任の女性教師だった。この先生は、人に嫌なことを言ったり、したりすることもなく、普段からやさしかったが、なぜか笑顔はほとんど思い出せない。どういうわけか、いつも困った表情をしていたことを覚えている。

このように、人がどういう表情をしていたのか、昔のことでも覚えているものだ。笑顔の多さとライカビリティの高さは、やはり比例していることが多く、にこやかだった印象の人には、ずいぶんと時間が経ってからでも、話しかけてみたいような気持ちになるものだ。

おわりに

「ライカビリティを高める話し方の原則」は、第1章で触れた「原則」「バックグラウンド」「How to」の原則に該当するものである。

本書では、「ライカビリティを高める話し方の原則」とそのバックグラウンドを詳細に解説し、実践を手助けする「How to」も紹介してきた。

もともと私は、話し方や返事の仕方そのものに関心があって、これらを研究したのではない。自分自身が成功したいと願って、それに取り組む過程で必要と気づいたのが、ライカビリティとそれを高める話し方であったために、それについて学んできたのだ。

私は、成功を望み、それに挑戦する人たちが、その体験から見出したノウハウを原則として残すのは大切なことだと思っている。追って同じことに取り組む人たちが参考にできるからだ。

誰かが過去に見出した原則を活用した人は、また新たな原則をつくり、残していけばいい。

本書を読んで気づかれたと思うが、「ライカビリティを高める話し方の原則」には、特別に新しい発見があるわけではない。人が口にすることには、解決案もあれば、解説もあること、反論が人の気分をわるくすることは、誰でも知っていることだろう。あいさつや返事ができないことを問題視しているのも、もちろん「ライカビリティを高める話し方の原則」だけではない。これも一般的に昔から言われていることだ。

しかし、こうしたことをあらためて体系的に取りまとめて紹介したのは、やはりそうすることに意義を感じたからだ。研修などにおける受講者の方々の反響の大きさも、本書を書き上げた動機になっている。

本書に読者のみなさんの参考になる点があれば幸いである。

本書の企画と編集では、光文社新書編集部の草薙麻友子さんにたいへんお世話になりました。ここに感謝の意を表します。

二〇一五年二月

松崎久純

松崎久純（まつざきひさずみ）

1967年生まれ。岐阜県出身。企業の海外赴任者や海外拠点の現地社員を対象に、組織マネジメント、生産現場指導のできるグローバル人材育成を行なう専門家。サイドマン経営・代表。企業での階層別研修の講師としても知られている。南カリフォルニア大学東アジア地域研究学部卒業。名古屋大学大学院経済学研究科修了。著書に『英文ビジネスレター＆Ｅメールの正しい書き方』『英語で学ぶトヨタ生産方式――エッセンスとフレーズのすべて』『究極の速読法――リーディングハニー®６つのステップ』（以上、研究社）、『ものづくりの英語表現　増補版』『ものづくりの英会話――５Ｓと作業現場』（以上、三修社）など多数。

好《す》きになられる能力《のうりょく》　ライカビリティ　成功《せいこう》するための真《しん》の要因《よういん》

2015年３月20日初版１刷発行
2015年４月10日　　２刷発行

著　者――松崎久純
発行者――駒井　稔
装　幀――アラン・チャン
印刷所――堀内印刷
製本所――関川製本
発行所――株式会社光文社
東京都文京区音羽1-16-6(〒112-8011)
http://www.kobunsha.com/
電　話――編集部03(5395)8289　書籍販売部03(5395)8116
業務部03(5395)8125
メール――sinsyo@kobunsha.com

 ISBN 978-4-334-03847-2

733
外資系コンサルの知的生産術
プロだけが知る「99の心得」
山口周
論理思考やフレームワークなどの「思考の技術」を学んでも、仕事がうまくいかないのはなぜ？　成果を出し続ける人だけが知っている、「知的生産の技術」＝「行動の技術」。
978-4-334-03836-6

734
パリの美術館で美を学ぶ
ルーブルから南仏まで
布施英利
パリ1区からはじめ、郊外、さらに南仏へとつなげる美術館巡りの旅。一度は見たい名画や中世美術、20世紀アート、画家のアトリエまで、何をどう見るか、そのポイントを教える。
978-4-334-03837-3

735
「赤ちゃん縁組」で虐待死をなくす
愛知方式がつないだ命
矢満田篤二　萬屋育子
産みの親が育てられない新生児を家庭につなぐ「赤ちゃん縁組」。生後0日の虐待死や施設養育による愛着障害を防ぐため、30年前に愛知県の一職員が始めた注目の取り組みを紹介。
978-4-334-03838-0

736
金を取る技術
元国税調査官が明かす
大村大次郎
金をすぐに払ってくれそうな人を見極め、貧乏人や情報弱者、儲かっている業界から徹底的に巻き上げる――。〝お上〟の徴税テクニックを知り、ビジネスに役立つヒントを得る。
978-4-334-03839-7

737
病気を治せない医者
現代医学の正体に迫る
岡部哲郎
死ぬまで薬を飲み続けますか？　西洋医学の限界に気づいていますか？　欠陥を抱えた西洋医学を検証しながら代替医療の可能性を探り、「ベストな医療の選択とは何か」を問う。
978-4-334-03840-3

738
宇宙はどうして始まったのか
松原隆彦

「宇宙の始まり」に答えはあるのか。新しい観測的事実が次々と明らかになる中、無からの宇宙創世論、量子論、相対論、素粒子論などを考察しながら、宇宙の謎にスリリングに迫る。

978-4-334-03841-0

739
日本の医療格差は9倍
医師不足の真実
上昌広

日本の医師の数は圧倒的な「西高東低」だ。医学部は西日本に偏在しており、その格差は最大9倍！ 気鋭の医師が医療と教育の格差について提言。医学部受験生も必読の書である。

978-4-334-03842-7

740
社会保障が経済を強くする
少子高齢社会の成長戦略
盛山和夫

悪者扱いされる社会保障費は、本当に削減するしか道はないのか。生産性の向上、国民負担の増大が意味するものとは何か。誤った「常識」の原因を、社会学者が明らかにする。

978-4-334-03843-4

741
残念な教員
学校教育の失敗学
林純次

「残念な教員」を量産する学校教育現場の「失敗のしくみ」を踏まえ、過去の教育実践の蓄積と著者自身の取り組みをベースに、未熟練教員と生徒を共に成長させる方法を提示する。

978-4-334-03844-1

742
スマホに満足してますか？
ユーザインタフェースの心理学
増井俊之

知的生産に不向きで、時間潰しのツールになってしまったスマホ。進化が止まり、一向にいつでも／どこでも／誰でも使えるようにならないコンピュータ。第一人者がこの問題に挑む。

978-4-334-03845-8

743
教養としての聖書
橋爪大三郎

ビジネスパーソン必携。創世記、出エジプト記、申命記、マルコによる福音書、ローマ人への手紙、ヨハネ黙示録をスラスラとダイジェスト型式で読み進める最強の「聖書」解説本。

978-4-334-03846-5

744
好きになられる能力
ライカビリティ　成功するための真の要因
松崎久純

我々は、いくら専門分野で優秀でも、「人から選ばれ」なくては成功できない！　無意識にしてしまいがちな話し方・ふるまいのパターンを意識化し、改善するための原則を教える。

978-4-334-03847-2

745
つくし世代
「新しい若者」の価値観を読む
藤本耕平

気鋭のマーケッターが、若者たちの「今」、「さとり」の次までを分析。彼ら・彼女らに芽生えつつある〈新しいマインド〉とは？　商品開発・マーケティング・人事に役立つ一冊。

978-4-334-03848-9

746
低予算でもなぜ強い？
湘南ベルマーレと日本サッカーの現在地
戸塚啓

2014年、開幕14連勝、その後21戦負け無しの記録を作り、史上最速でJ1昇格圏を確保した湘南ベルマーレ。Jリーグが誇る「中小企業」の15年間を丹念に追ったノンフィクション。

978-4-334-03849-6

747
サルバルサン戦記
秦佐八郎　世界初の抗生物質を作った男
岩田健太郎

感染症界のエースが挑む、空前絶後の科学ノベル！　研究とは何か、科学者の資質とは……実在の細菌学者の人生と当時の名だたる研究者との交流・葛藤を通し現代に問いかける！

978-4-334-03850-2